味ことばの世界

味ことばの世界

海鳴社

瀬戸賢一
山本 隆
楠見 孝
澤井繁男
辻本智子
山口治彦
小山俊輔

前菜——食前のことば

本書は、各方面から好評をもって迎えられた『ことばは味を超える——美味しい表現の探究』の第二弾である。

「より広くより深くより美味しく」をモットーに、食とことばに卓越した多彩な客人を招いて一巻を編んだ。ことばで味わうにとどまらず、脳で味わい、心で味わい、体で味わい、比喩で味わい、語りで味わい、文学で味わう。色とりどりの味を堪能できるフルコースに仕上がった。

味は、豊かな交流の場である。異分野の人々が集まって、対等にかつ活発に議論できる数少ないテーマのひとつではないか。理系と文系の垣根をひょいと越え、話せばかならず得をする。このような思いは、ほかではなかなか味わえない。読者は、たとえば、脳の働きと味ことばの間に思わぬ結びつきを発見して驚くだろう。心の仕組と味覚表現の間に密接な対応をみて、大いに興味をそそられるだろう。

もちろん、学問の世界にとどまらない。後押しなど必要なく、自然と溢れだす。グルメ雑誌は硬軟あわせてよりどりみどり。宣伝で売っているのか、宣伝を売っているのか、よくわからないのまである。取材と称して広告料をがっぽり取って、雑誌の売上収入もいただきでは、なかなかおいしい商売だ。店も行列ができれば文句はない。テレビのグルメ番組も、あやしげなランキング表を発表したりして、似たようなことをやっている。すべてがCMかと思うこともある。ただ、私たちにとっての旨味は、味ことばの現場をじかにのぞき込めることだ。

コミックの世界も負けてない。『美味しんぼ』の味ことばはスゴイぞ！　なにしろ延べ発行部数一億冊を超えるという。一家に一冊どころではない。たとえばこうだ。「人間の持つ味覚のつぼ、嗅覚のつぼ、そのすべてに鮮烈な刺激を与えて、快感の交響曲が口腔から鼻腔にかけて鳴りひびく……」「シャッキリとした歯ごたえ、繊細で上品かつ淡泊な味っ!!　しかも旨味の要素がいくつも絡まりあって、豊潤にして玄妙極まりない！　そして後口のすがすがしいことっ！」。これを放っておく手はない。さっそくまな板にのせて捌くとしよう。

文学も忘れてもらっては困る。とりわけフランス文学は食にうるさい。かのグルメの国である。ガルガンチュワ的大食漢から繊細の極みのおちょぼ口まで、注文の多い料理店はあらゆる客を迎える知恵と力量を備えている。当然ワインも出番を待つ。ソムリエの味ことばは実に豊かだ。日本の大吟醸にも手を伸ばそう。

といっても本書はグルメ本ではない。食通を気どるには私たちの懐具合はいささかお寒い。それに、勝見洋一の『恐ろしい味』を読めば、これはかなわないと思う。かといって開高健のように、「海の果汁」がほとばしるゆでたてのカニを食べるのに、冬の午前二時の日本海で舟の帰りを待つ根性もない。

だが、これら味の達人の書いたもの（コミックなら描いたもの）を丹念に調べてデータを揃える。アンケートをとって分析する。舌でなめて反応を見る。動物に一服盛って観察する。身心の応答によく耳を傾ける。これならできる。

先の『ことばは味を超える』が高い評価を得たのも、味そのものではなく、「味をことばでどう表現するか」というテーマがユニークであり、それをおしみなく提示したからだろう。本書は、この基本路線を踏まえて、さらに「なぜ味はことばで表現しにくいのか」という反面の真実にも注目する。つまり、味ことばはいかに「美味しい」と言わないかの勝負なのに対して、私たちはしばしば「美味しい」の一語で満足する。これはなぜか。この謎が明かされる。シェフにして名探偵の推理が冴える。一の皿から七の皿まで、味ことばの饗宴がいまはじまる。お楽しみはこれからだ。

（瀬戸賢一）

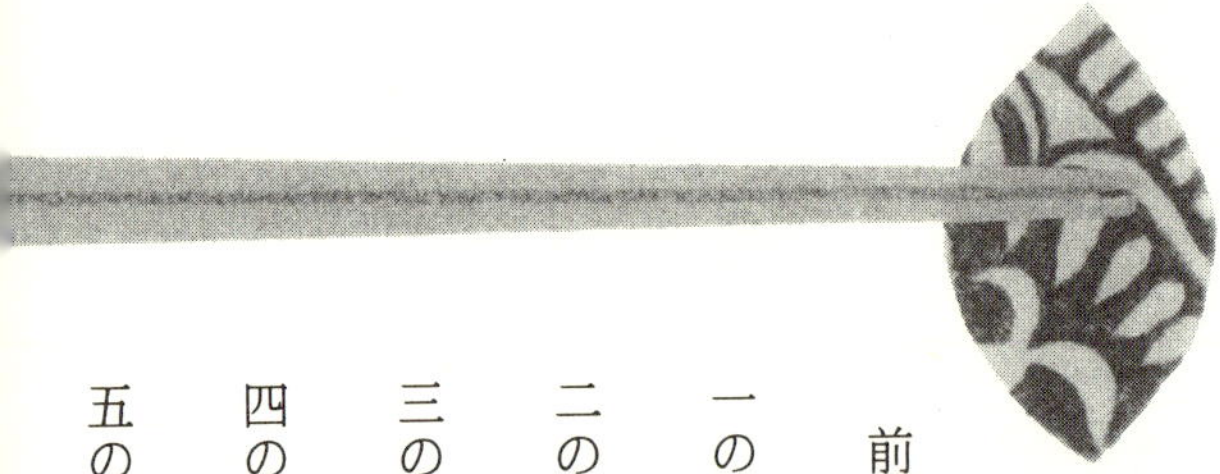

もくじ

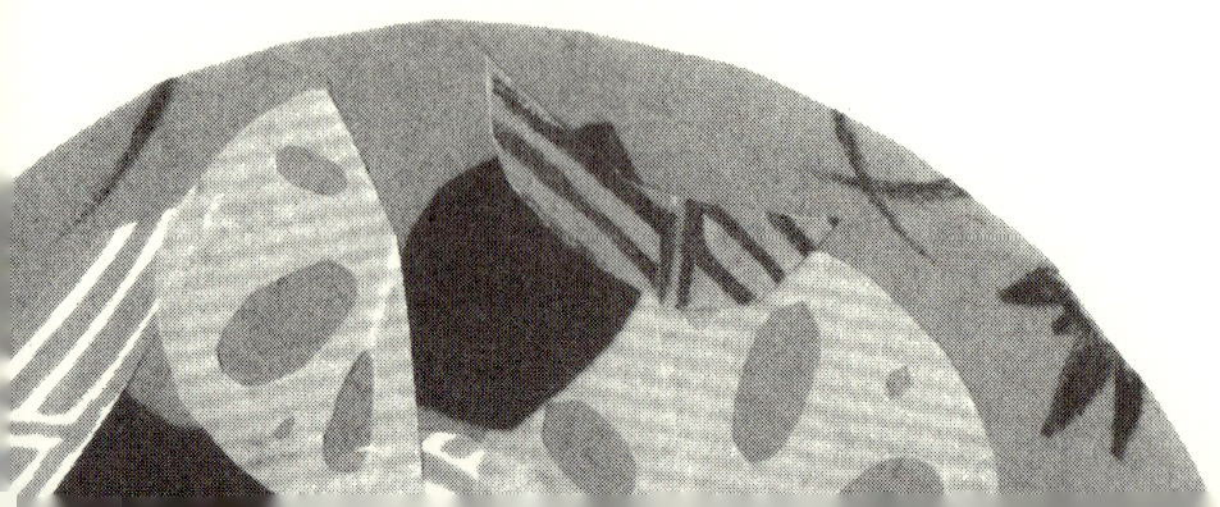

一の皿　ことばで味わう　表現のテクニック教えます

一　五味をベースにフル回転

味をことばで表すには、たいていは「美味しい」と「まずい」で事足りる。とりわけテーブルを挟んでの会話なら、これで十分だろう。へんに蘊蓄を弄しては、かえって味が遠のく。ことばはあくまで少なめに、味は舌先三寸にあり。隣席の知ったかぶりは迷惑だ。

しかし、明らかに女を口説いている。こうなると男はたちまち饒舌になる。ワイン選びが始まった。私の数少ない経験では、これはだいたい最悪のコースを辿る。ソムリエの薦めに従えばよし。しかし、それでは顔が立たない。いきおい張り合うことになる。相手は客を立てるから、ますますことば数が多くなる。イタリアはシシリー島の白ワインの品定めをしようとしている。

シシリー島ならそこで白ワインを味わったが、シシリーの白ワインでひと括りにできるような特徴はあるのだろうか。ある程度はあるかもしれない。だが、要するに葡萄の品種と懐具合である。もちろん名のあるワイナリーの特別なボトルなら話は別だ。「軽い」「重い」は序の口。「キレのある」「しっかりした」「よく整った」などはまだまだふつうの表現である。しかし、どの程度わかりあえるのだろうか。「クセのある」は、できればやめてほしい。味の表現として相当に胡散臭い。いったいどのようなクセなのか。なのに、いともやすくわかりあえるように見えるのが不思議だ。

いわゆる五味がある。「美味しい」と「まずい」から一歩外に出ようとすれば、まず、これに頼る。甘味、塩味、酸味、苦味、旨味の五つの味覚である。これをことばで表して、「甘い」「塩辛い」「酸っぱい」「苦い」「旨い」。これが基本だ。このうち「旨い」は、限定された意味で、たとえば、鰹だしのような旨味成分についていう表現だと理解しよう。「美味しい」に近いときは、「うまい」と書き分ける。

「美味しい」と「まずい」、これに五味のことばを足して、七種の味ことばがそろった。日常なら、これで不足はない。「日常なら」というのは、「味の批評家になろうとしないのならば」という但し書きのようなものである。とりわけ対面して皿に集中しているときは、あるいはひとりでゆっくり味をかみしめているときは、「アア」と溜息をひとつつくだけでも意図は通じる。

なのに、人はしばしば味の批評家になろうとする。このとき気づくのが、ボキャブラリーの貧しさである。近ごろは「ボキャ貧」という言い方もあるが、これがもっとも当てはまるのは、味覚表現の場合ではないか。「甘い」「酸っぱい」……などと軽やかに口ずさめば、たちまちガクンと立ち止まる羽目にあう。こんなあ…、はずではなかった。現に舌先に味がある。なのに、ピタッと表すことばがない！

これは、現代社会にとって切実な問題である。これではワイン選びもままならない。文化の豊かさと味の豊かさは、ある程度比例しそうなところがある。とりわけ和洋中の揃う日本は、味ことばの不足はなかなか厳しい。料理番組で味を競わせたり、怪しいラーメンランキングを発表したり、行列のできる店の厨房にカメラを入れたりと、忙しい国である。なのに、口をついて出ることばはほとんど「美味しい」だけ。これでは寂しい。料理番組ならば、どう美味しいのかを、具体的にことばで伝えてほしい。大きく目を見開く仕草、手を口元にもっていって「ムム」と言ってしばし絶句するパタンは、またかと思ってしまう。

そこで、味ことばの拡張の方法を考えよう。まずは、基本の五味から。当てになる出発点はこれ以外にない。

【方法1】　活用・派生を利用せよ。

活用とは、たとえば、動詞なら五段活用を思い出そう。「書かない」「書きます」「書く」……という変化である。形容詞も活用する。これだけで味ことばは倍増、倍々増する。たとえば、「甘い」だけなら一語だが、「甘く」とすれば表現の可能性がもっと広がる。

○舌先に甘く漂う温かいデザート

派生とは、元の語の品詞を変えることである。「甘い」は形容詞なので、これを名詞にすると「甘さ」。「甘味」もこっそり加えよう。名詞になれば、いわば「もの」扱いが容易になるので、表現の幅がさらに広がる。

○ごはんも甘さがよく感じられた
○タレの甘味が肉の甘味を消してしまう

「もの」扱いとは、「甘さ」を「もの」と捉えて、右のように「甘さが」「甘味を」などと表現することである。基本は、「甘さ」なり「甘味」なりをひとつの「もの」と見なして、それがどこかに「ある」と考える。「このご飯には甘味がある」というように。このとき、「甘さ」や「甘味」は、ことばの上では（認識の上では）独立した「もの」としての資格をもつ。だから、後に見るように、「甘さを引きだす」という言い方もできる。この背後にあるのは、ある食材にもともと「甘さ」が「潜む」という認識だろう。「潜む」は「ある」の仲間である。

【方法2】　程度表現を利用せよ。

これも有効な手段で、誰でも使える。二種類ある。強調と控えめである。強調を例にとって説明すると四つの手段がある。

（一）大声を出す。

(二)　音を伸ばす。
(三)　繰り返す。
(四)　強意語を加える。

(一)の手段は単純だ。大声を出せばいい。「美味しい」を、あるいは「甘い」を、力を込めて言うだけである。ただし、やり過ぎは禁物。音量に応じて効果がそれだけ強まるとは限らない。逆効果もあるので、さじ加減が重要である。書きことばなら、太字にするとか、とりわけマンガなら文字を大きくして大声を表す。また、表現の一部(ふつう第一音節)を強調して促音便の形をとることもある。「とても」に対する「とっても」、「すごく」に対する「すっごく」、「メチャ」に対する「メッチャ」など。これらは、(四)の手段と組み合わされる。

「甘い」や「(塩)辛い」などでも、単独で促音便が現れることがある。「あっまい」「かっらい」などは、実際の発音ではしばしば聞かれる。また、「あまっ」「からっ」や「あっまっ」「かっらっ」などに近い形も観察される。いずれも瞬時の判断である。味の強さと表現の凝縮が結びつく。

(二)「音を伸ばす」という手段も、簡単である。「甘い」を「あま〜い」と発音する要領である。確かに、「甘いスイカ」より「あま〜いスイカ」の方が甘そうだ。ただ、どの音を伸ばしてもいいというのではない。最後から二番目の音節の母音と決まっているようである。ローマ字表記するとわかりやすい。

amai（甘い）
karai（辛い）
suppai（酸っぱい）
nigai（苦い）
umai（旨い）

すべてそろって三音節で、語末は[ai]である。まるで申し合わせたようだが、いかにも基本味の表現という感じがする。「最後から二番目の音節の母音」は[a]なので、これを伸ばす。すると、「あま〜い」「から〜い」などの形ができる。ただし、伸ばす母音は、[a]に限らない。これは、「おいし〜い」や「まず〜い」などで確かめられる。「おいしい」は四音節なので、伸ばす位置がよくわかるだろう。これを「おい〜しい」などと発音することはない。

ただし、「あま〜い」などは、かなり女性ことばである。典型例は、テレビ番組で見られる。あまり甘さが予想されない食材を口にしたとき、この「あま〜い」が出る。明らかに褒めことばである。「甘い」は、「苦い」の対極にあって、もともと体にプラスに働く合図となる。よって、評価はもとから高いはずだ。しかし、あまり甘くては困るものもある。甘過ぎれば醤油を足したり、塩を加えたりする。だから、「甘い」は、味ことばとしては、つねに評価がプラスであるわけではない。なのに、「あま〜い」は、ほとんど絶対的にプラス評価である。

(三)「繰り返す」という手段の誇張的効果なら、子どもでも知っている。「買って買って」を連呼すれば、一回きりの「買って」よりは効果的なはずだ。でなければ、まず子どもの世界で廃れているに違いない。単純そのもので、「甘い甘い」「おいしくておいしくて」、とすぐにできる。（二）と掛け合わせれば、「あま〜いあま〜いミカン」となり、さらに（二）の手段を足せば、「あっま〜いあっま〜いミカン」と表現できる。ミカン売りのスピーカーの音に近づくのがわかるだろう。

たかが繰り返し、と思ってはいけない。それが証拠に、「買って買って」につい負けてしまう親は少なくないし、スーパーの「サカナ、サカナ、サカナ」の歌にも、知らないうちに洗脳されるところがある。歌のリフレーンの効果も思い出しておきたい。さらに、この手段は、次の（四）でも応用が利く。単純だがしぶとい手法である。

（四）は、「強意語を加える」。強意語とは、「とても」や「超」（チョー）のことで、これをかぶせて「とてもおいしい」「超辛い」と表現する。お馴染みの表現法だが、一部に眉をしかめる人もいるかもしれない。「とても」はいいが、「超」やそれに類する表現には抵抗を感じるのだろう。しかし、人は年とともにことば遣いが保守的になる。ここは、味ことばの拡張の一端として、「若者ことば」にも注意を向けたい。

というのも、「超」に関しては、すでに「超特急」が走り、「超満員」の通勤電車を長年経験しているではないか。都心には「超高層ビル」が建ち並ぶ。科学の分野では、「超短波」「超伝導」などが市民権を得ている。これを応用して「超うまい」とするのに、待ったをかける法はない。色メガネをはずして見れば、「超」は「激」などとともに、なかなかおもしろい表現の可能性を示すことがわかる。このあたりを、まず整理しよう。

出発点は副詞である。副詞のおもな用法には、「速く走る」の「速く」のように動詞を修飾する場合と、「かなり速い」の「かなり」のように形容詞を修飾する場合がある。味ことばの強意語として活躍するのは、「甘い」などの形容詞を強めるパタンである。

そのような副詞のリストを示そう。ただし、網羅的ではなく、代表例にとどめる。

○とても、とっても、すごく、非常に、大変、はるかに、めっぽう、かなり、相当、結構、ずいぶん、とびきり、すこぶる、きわめて、いたって、もっとも、一番

人にもよるが、現在では副詞は、ひらがなで書く率が高い。ただし、「大変」「相当」「結構」などは副詞専用ではなく、「大変だ」「相当な」「結構です」のようにも用いるので、漢字の姿をとどめることが多い。もともとそれぞれ固有の色濃い意味をもっていたものが、いわば漂白されて「とても」に近い強意副詞に変化したものである。ここにも意味変化が見られる。「ずいぶん」は、もちろん、「随分」と表記してもいいが、現代ではまず副詞専用と見なしていいだろう。「随分な人」(随分ひどい人)は、すでに時代を感じさせる表現である。

これらのリストに加えたい新手の表現の代表が「超」である。「超特急」の「超」と異なるのは、明確に副詞化して形容詞の意味を強めることができる点である。いまや、『クッキングパパの超カンタン超うまいレシピ230』というタイトルの本さえ出ている時代である。実例を少し見よう。

○アゲマキやアサリのバター焼きもうまい。ゲソの天ぷらもすごいうまい。アマダイのみそ焼きも超うまい

このインターネットの用例（とくに指定のないものはGoogleで検索）には、「超うまい」の表現以外にも注目すべき用法がある。それは、「すごいうまい」。はじめてだと違和感を感じて「すごくうまい」の誤りかと思ってしまう。ところが、実例はすでに約二、〇〇〇。「すごくうまい」と「すごいうまい」との比率は三対一である。市民権を得つつある。「すごい」と「うまい」と「すごくうまい」を足したような表現で、なかなか感じがよくでている。味ことばを拡大する立場からは歓迎したい。

この「超」は、「チョー」とも記されることからわかるように、強意副詞としての地位を確かなものとしている。これに対抗するのが「激」である。「激辛カレー」の「激」。「超」と比べて意味にどれほどの違いがあるのかははっきりしないが、用法の点で見事に棲み分けを果たしている。たとえば、「辛い」という形容詞は、ふたつの部分からなる。「辛」が語幹、「い」が形容詞語尾である。「激」が修飾するのは、「激辛」のように、語尾抜きの語幹である。因みに、語幹対決で「激辛」と「超辛」とを比べると、五〇対一の割合だ。これほど劇的ではないが、逆に、「超辛い」と「激辛い」とを比べると、二対一の割合で「超」に軍配が上がる。

「超」対「激」の対決に割って入ろうとする第三の表現がある。それは「極《ごく》」。用法は、「激」と同じく主に語幹を修飾する。「極辛」「極甘」「極うま」のように用いられるが、まだ「激」には遠く及ばない。今後どこまで伸びるか。なお、これら三者を組み合わせて、「超激」「極超」などとすること

もできる。

さらに、これらを追う表現がある。「マジ」「バカ」「もろ」のトリオである。

「マジ」は、明らかに「まじめ」の省略形から出た表現だろう。「マジっすか」（本気・本当ですか）などと用いる。ここから意義が広がって「本当に」「とても」などの強意を表す。用法は、どちらかというと「超」型であるが、まだ十分定まっていないというのが実状だろう。「マジうまい」に対して「マジうま」も頑張っている。

「バカ」は、なかなか由緒正しい語である。一説に「はかなし」の語幹「はか」の強調形という。愚かさを意味し、この意味は、「バカ息子」ではまだ生きている。「バカ高い」にも、まだどこかその気配が漂う。人をバカにしたように値が高いとか、「バカ高い」買い物をする人がバカだというような雰囲気である。しかし、「バカ売れ」では、もうほとんど強意の意味しか残っていないだろう。ここまで来れば、味ことばにも応用が利く。「定番バカうまカレー」などが登場する。

このあたりで切り上げよう。「もろうま（い）」などは、まだこれからだ。ただし、この路線がお気に召さない人は、なにも既成の表現にこだわる必要はない。新しい副詞を発明して、味ことばを豊かにできる可能性が大いにある。たとえば、「ドキドキするほどうまい」を凝縮して「ドキうま」とし、「ドキうまラーメン」「ドキ旨チャーハン」「ドキ旨温泉ツアー」「ドキ旨料理対決」などとしてはどうだろうか。趣味の問題もあるが、この「ドキうま」ないし「ドキ旨」は、私の知るかぎり、紙上にもインターネット上にもまだ一例も見当たらない。

次に、強意語としての形容詞に移ろう。形容詞にはふたつの用法がある。「すごい甘さ」のように名詞「甘さ」を修飾する場合（修飾用法）と、「この甘さはすごい」のように述部となる場合（叙述用法）である。もうひとつ、学校文法でいう形容詞と形容動詞との区別がある。「甘い」や「すごい」は、「イ」で終わるふつうの形容詞で、「芳醇な」や「豊かな」などは、「ナ」で終わる形容詞である。イ形容詞とナ形容詞と呼んで区別することもあるが、ナ形容詞が形容動詞と呼ばれる（形容動詞は、「芳醇だ」「豊だ」の形も取る）。さらに、ここではノ形容詞も仮に認めておこう。「究極の」「至高の」などの類が強調詞として働く。

代表例を修飾用法の形で整理すれば次のようになる。

イ形容詞――すごい、ものすごい、激しい、強い、底知れない、とんでもない、途方もない
ナ形容詞――豊かな、豊潤な、芳醇な、豊饒な、完璧な、完全な、相当な、強烈な、激烈な、抜群な
ノ形容詞――至高の、至上の、究極の、無上の、極めつけの、なかなかの、かなりの

この他にも、「大した」などの例がある。なお、イ形容詞のうち、「とんでもない」と「途方もない」は、たとえば、「甘さ」や「辛さ」を後続させれば強意語として働くが、「味」を後続させれば評価語として働く。その場合、マイナスだけではなくプラスにも作用する点がおもしろい。「とんでもない味」は、味が極端に劣っているときにも、逆に極端に優れているときにも用いられる。このあたりに注意して、少し実例を観察しよう。

○一見しょぼい農協モン。あーあ、あるんだよなァこのテの…と思って飲めば、我が目を、じゃなくて我が舌を疑うこと請け合いですよ。もう、とんでもない味です。香りなんか、生のりんごそのまま、いやそれ以上…

○抹茶の苦味とアイスクリームのコクを増したものを「甘さひかえめ」などといって、甘味を少なくすると、苦味の上にくどさだけが目立つ、とんでもない味になってしまう

最初の「とんでもない味」は、いい意味で使われている(これに似た表現に「ヤバイ」がある)。この用法は、テレビなどでしばしば耳にするが、それは、この表現法に意外性があるからかもしれない。実例を目にするのは、まだまれである。二番目の用法がふつう。

ナ形容詞は、応用として、語尾を除いて語幹だけで用いてみよう。「風味豊か」「鮮度抜群」などとなる。「抜群」は、この語幹に「の」を足せば、ノ形容詞に変身して「抜群の」として使える。「相当な」も、「相当の」という変化形がある。逆に、ノ形容詞の「かなりの」は、「かなりな」の形も可能である。このあたり、多少の出入りがある。

強意語としては、ここまで見た副詞と形容詞が中心である。その他の品詞としては、動詞の「溢れる」「富む」「極まる」などが重要である。たとえば、「旨味が溢れる」とすれば、味ことばとして通用する。また、名詞も強意的に用いられることもある。「極み」がわかりやすい。「美味しさの極み」などとして味を表現する。

二　合わせ技で一本！

少し休憩しよう。スタートしたときは、「美味しい」「まずい」と五味の七種だけだった。味ことばは、いま、私の概算では、すでに四桁に達しているのではないか。何と豊かな表現群だろう。しかし、コースでいえば、これでまだ前菜である。やがてメインが目の前に並ぶ。それまではもう少し、基本の味の幅を確かめよう。

前菜と言えば、あれはベルギーの市場近くのレストランだった。仲間とテーブルを囲んでムール貝を食べた。地元でちょうど旬。小ぶりのバケツに一杯。ひとりにつきバケツ一杯！　これが前菜だった。貝はどれもぷっくりと膨らんで力が漲っている。おおぶりの牡蠣ほどの大きさで、これを専用のスプーンで殻からはがして口に放り込む。かすかな白ワインとガーリックの芳香をバックに、噛めば濃い海の汁がほとばしる。少しおくれて貝のほのかな甘さが口中にゆっくりと広がる――。

ほのかな甘さ。あれは確かに、海の幸のほのかな甘さだった。そして、そう、方法2がまだ言い尽くせてないことに気づく。「程度表現を利用せよ」には、強調と控えめの二種があった。「ほのかな甘さ」や「ほんのり甘い」は、程度を控えた表現である。

抑えの利いた表現の方が、かえって強い情感を伝えることがある。名優の抑えた演技が効果的なのと似ている。たとえば、「ちょっとうれしい」で「とてもうれしい」に近い（あるいはそれを超える）意味を伝える場面である。タイミングをとるのがむずかしい。

「ほんのり」の他にも、「少し」「ちょっと」「やや」「かすかに」「ほろ」（ほろ苦い）などの控えめ表現がある。では、これを効果的に使うとは、どういうことなのか。要は、対象となる甘さやうまさの程度を抑え込むのではなく、むしろ引き立たてる。かまびすしい強調がおしなべて支配的ないまの社会にあって、逆に、弱調でもって注目を引こうとするしたたかな表現法だ。だから、矛盾に聞こえるかもしれないが、控えめ表現も一種の強調なのである。ただ、誰にでもよくできる芸当ではない。その優れた一例はあとで見よう。

さて、この節で新たに検討する方法は、次のふたつである。

【方法3】　助詞を利用せよ。
【方法4】　組合せを利用せよ。

まず、方法3――「助詞を利用せよ」。日本語の助詞は渾然一体となっている。ここで問題にするのは、いわゆる終助詞。文末にぶらさがる「ね」「よ」などである。

これらは、一体どのような働きをするだろうか。一言でいって、対人調整機能を果たす。「美味しい」に対する「美味しいね」は、相手の同意を求める。「美味しいねえ」ならば、それに感嘆の気持ちが加わる。「美味しいよ」は、相手に知らせる。「よ」と「ね」を組合わせた「美味しいよね」は、知らせながら同意を求める、という具合だ。これでけっこう微妙な対人調整の機能を果たす。

終助詞にはこの他、断定の「さ」、疑問の「か」、感嘆の「なあ、わ」、記憶の「っけ」、禁止の「な」などがある。これらについてはいちいち触れないが、表現の可能性を探究する立場から、ほとんど話題に登ることのない口語表現の一面に注意しよう。

たとえば、「おいしい」に対する「おいしいっす」、「うまい」に対する「うまいぜ」。実例をひとつ。

○やばいっす！　オムライスが最高。たまらんちっす！　なんかホメ過ぎでお店のまわし者みたいに聞こえるかも知れませんがマジおいしいっす！

文章の品格は、ここでは問題ない。新たな表現を開拓しようとする勢いがすごい。これを「乱れ」と呼ぶのは間違いだろう。何がこのような表現を突き動かすのかといえば、それは、ただ一点、伝えたいことがある、という必死の思いである。それを、拙いながらも、なんとかことばで伝達しようとする。既成のことばでは不満なのだ。そこに、「たまらんちっす！」も生みだされる（この表現は、私もはじめてで、他に類例がひとつ見つかるだけである）。

比較の意味もこめて、プロの例もひとつ見よう。東海林さだおの『ケーキのまるかじり』から。

○湯気の立つ熱いコップを口のところへ持っていくと、甘酒独特のムワッとした、拒絶の一歩手前であやうく美味に転じたような匂いが鼻のところに漂う。ズルッとすすりこむと、意外に甘みが強く、意外においしく、オオッ、甘酒ってこんなだったっけ、意外においしいじゃん、となぜか急に元気になる

「おいしいじゃん」の「じゃん」は、すでに確立された用法と見なせる。もちろん、場所柄を考えたうえで。

つぎに、方法4――「組合せを利用せよ」。もう一度、基本味に戻ろう。「甘い」「(塩) 辛い」「酸っぱい」「苦い」「旨い」の間で組合せを考えてみる。論理的には二〇通りあるが、可能な組合せは、実際にはいくつあるだろうか。一気に味ことばを増やすチャンスである。インターネットで検索した結果を表に示そう。

	甘い	辛い	酸っぱい	苦い	旨い
甘い	――	13,200	72,700	401	10
辛い	40	――	206	40	99
酸っぱい	47	277	――	45	5
苦い	160	75	131	――	18
旨い	6	132	2	6	――

上の表は、「甘辛い」が一三、二〇〇例、「甘酸っぱい」が七二、七〇〇例あるというように読んでもらいたい。このふたつの組合せが他を圧倒する。少し注を加えると、原則は漢字書きで調べたが、「旨」は、第二要素として生じるときに限りひらがな書きも含めている。たとえば、「甘旨い」の一〇例には「甘うまい」の数も入っている。また、かならずしも味ことばでない表現も混じっている。たとえば、「甘酸っぱい思い出」という表現を排除していない。

ひとつには、「甘酸っぱい思い出」は比喩表現であるが、味覚が基本にあるからである。一般に、よく使われるこなれた表現は、比喩的に拡張しやすい傾向がある。たとえば、単独の「甘い」「辛い」「苦い」などは、比喩においても大活躍する（小田希望「甘くてスウィート」、山添秀剛「苦くてビター」、瀬戸賢一編著『ことばは味を超える』所収）。この傾向が五味の組合せにも当てはまる。それゆえ、頻度の低い組合せ、たとえば、「辛甘い」の四〇例は、確認すればすべて味の表現だとわかる。「甘辛い思い出」はあっても、「辛甘い思い出」は（まだ）ない。これは、「辛甘い」が味ことばとしてまだ十分に定着していない証拠でもある。

表で注目すべきことは、「甘辛い」と「甘酸っぱい」を除く残りの組合せが、意外に頑張っている点である。もちろん、ここにも頻度の差はある。しかし、もしこれらを文脈抜きで判定させたらどういう結果になるだろうか。たとえば、「甘苦い」。判断するときには、「甘酸っぱい」と「甘辛い」が頭に浮かぶだろうから、それらとの比較で判定することになる。判定を数値化すれば、おそらく相当低いだろう。端的に、「こんな言い方はない」という反応も十分に予想される。実際には、四〇一例あり、これは「甘辛い」の延べ数の約三%である。この数字は、どのように評価すべきだろうか。それには、まず実例をいくつか見よう。

〇アイスコーヒーブレンド。一口飲んだ瞬間、豆の甘苦いテイストが口いっぱいに広がる感じですね

〇第一印象から豊かな果実味がふくらみ、甘苦い味わいのあるワインです

他の例も少し見よう。

〇ピリ辛甘い麺類が食べたい

○海老入り酸っぱ辛いスープ（トムヤンクン）
○グレープフルーツのジュースは苦酸っぱいのでカーンと冷えていた方が旨い

これらの例からわかることは、そう表現するにふさわしい味があるということである。しばしば一般論として、ことばが先か物が先かが問われることがあるが、味ことばについては、たいていは味が先だと考えていいだろう。この分野では、最初からことば不足が明らかなのだから。そして、未体験の味と出会ったときそれを何とかことばで捉えて人に伝えたい。この気持ちが表現として現れる。たとえば、「酸っぱ辛い」あるいは「辛酸っぱい」のかなりの部分は、タイ料理のトムヤンクンまたはその系列の味に関するものである。トムがスープ、クンが海老で、ヤンが味ことばである。実際に、酸味が利いていて辛い、あるいは辛くて酸っぱみがある。そして、これがトムヤンクンでは一体になっているのだから「酸っぱ辛い」し「辛酸っぱい」。こう表現するのがおそらくもっとも適切である。この味を経験しないと、なかなかこの表現は思い浮かばないだろうし、この味を経験すれば、なんなくこの表現に至る。

にもかかわらず、「酸っぱ辛い」も「辛酸っぱい」も、「甘辛い」や「甘酸っぱい」に遠く及ばない。これは、結局は人気の問題である。「酸味の中にピリッとした辛さも感じる」というような足し算表現（ただし、これも組合せの技術のひとつである）ではなく、酢豚の「甘酸っぱい」味のように、ひとつの味の類型として受け入れられたとき、「辛酸っぱい」や「酸っぱ辛い」は、もっと広がりを見せるだろう。表現は、あくまで文脈の中でその適否を判断しなくてはならない。これを仮に文脈主義と呼んでおこう。

表からもうひとつわかることがある。五味の中では、「甘・辛・酸」が中心であり、その中核が「甘」だという点である。これは、「甘辛い」「甘酸っぱい」の頻度が圧倒的に高いこと、両表現に共通な核が「甘」であることから明らかである。これらは、また、生理学的にも重要な要素である。これに対して、苦味は、本来は生体にとって害を及ぼす危険性のある味である（二の皿を参照）。苦いものは、生まれつき体が拒否する仕組みになっている。にもかかわらず、食味として受け入れられるに至ったのは、食文化の発達のゆえである。しかし、今後も全体的には脇役にとどまるだろう。

表に関して三点補足しておこう。第一に、組合せとして忘れてはならないのは、自分自身との結合である。表では横線で消されたが、たとえば、「甘い甘い」はGoogleの検索では、一四、九〇〇例という数に達する。無視できない用法である。第二に、表ではふたつの要素の組合せに限定されたが、実際には三つ巴以上の表現が可能であり、その実例がある。たとえば、「甘辛酸っぱい」などの例が見られる。三つ巴は、「甘い甘い」ないし「甘甘（い）」などの繰り返しをカウントしないとして、論理的には六〇通りある。興味のある向きは、是非とも調べてもらいたい。第三に、組合せの枠を拡大すれば、「ほろ苦さの中にほんのり甘さが漂って」などの例も考慮の対象となる。味ことばの広がりが実感できるだろう。

次は、もう上級編だ。

といっても、ただ日常気づかずに使っているだけで、わかればどうってことはない。ただ、仕組みが理解できると、意識的にことばを操作できるようになる。そう思って工夫を重ねたい。相手は味である。三度の食事があるわけだから、少し箸を休めれば（べつに箸を置いたあとでもいい）、随分と大きな違いが生じるのではないか。

三　比喩でひらく味

この節では、新たなふたつの方法を探究する。が、その前に五味の表現を補足しておこう。

これまでしばしば曖昧だった表現に、「辛い」がある。「（塩）辛い」とも表記した。もともと五味のひとつ塩味を表す味ことばとして使用した。しかし、「ピリ辛」の「辛」は、明らかに塩味ではなくて、舌を刺す刺激である。塩味に対しては「鹹《から》い」が正当な表記である。では、ピリッとした「辛い」は味なのか？　「答えは、生理学的には『ノー』です。しかし食品学的には『イエス』です。だから『味』という語をつけて『辛味』というのです」（日本味と匂学会編『味のなんでも小事典』）。今後も「辛い」で「塩辛い」をも意味することにするが、塩味とは独立した辛味があることを認識しておこう。

もうひとつは、「渋い」である。これは、「苦い」の下位類と考えられる。しかし、次第に失われつつある感覚ではないだろうか。早い話が、渋柿を食べたことのない者にこの味覚を説明するのは難しい。いがらっぽい苦さで舌が急に縮み上がってざらつく感じを伴う。こう説明しても、今度は「いがらっぽい」の意味をはっきりさせなければならない。『広辞苑』では、「えぐくて辛い。えがらっぽい」と定義されている。これでは「辛い」に近づいてしまう。ちょっと違うのではないか。

いずれにせよ、味ことばの範囲がまた少し広がった。しかし、ここからが本番である。ふたつの拡大路線を考えよう。その第一は、共感覚表現である。

【方法5】　共感覚表現を利用せよ。

私たちには、味覚を含めて五感が備わっている。視覚、聴覚、嗅覚、味覚、触覚の五感である。これら五感は、それぞれ固有の表現をもつ。「大きな」は視覚、「うるさい」は聴覚、「臭い」は嗅覚、「甘い」は味覚、「温かい」は触覚というように。しかし、これらの表現は、かならずしも本来の感覚領域にとどまってはいない。表現上の（認識上の）必要を満たすために、しばしば互いに融通しあう。たとえば、「大きな音」。「音」は聴覚である。この「音」の特性を表すのに、「大きな」という視覚表現が用いられる。これが共感覚表現である。

「大きな音」では、視覚は表現の貸し手（これを共感覚と呼ぶ）、聴覚は表現の借り手（これを原感覚と呼ぶ）である。「甘い色」では、「甘い」が味覚で、表現の貸し手側の共感覚であり、「色」が視覚で、表現の借り手側の原感覚である。整理すれば次のようになる。

「大きな音」――「大きな」（視覚・共感覚）↓「音」（聴覚・原感覚）
「甘い色」――「甘い」（味覚・共感覚）↓「色」（視覚・原感覚）

表現の貸借関係は、〔共感覚↓原感覚〕である。ある感覚が共感覚と原感覚のどちらかに固定されるということはない。右の例であれば、「大きな音」では視覚は共感覚であるが、「甘い色」では視覚は原感覚である。

共感覚表現の可能性の一端を示すために、もう少し例を挙げよう。

「尖った味」〔触→味〕
「柔かい匂い」〔触→嗅〕
「温かい色」〔触→視〕
「ざらついた音」〔触→聴〕
「甘い香り」〔味→嗅〕
「渋い柄」〔味→視〕
「甘い声」〔味→聴〕
「香しい色遣い」〔嗅→視〕
「バタ臭い響き」〔嗅→聴〕
「明るい声」〔視→聴〕

これら一〇種のパタンは、すべてが対等であるわけではない。頻出するパタンがあり、そうでないパタンがある。たとえば、触覚を共感覚とするパタン（〔触→味〕など）は例が多い。逆に、嗅覚を共感覚とする〔嗅→視〕と〔嗅→聴〕は例が少ない。右に示した例「香しい色遣い」と「バタ臭い響き」も、疑問だとする人がいるかもしれない。しかし、表現の可能性のチャンネルをあらかじめ閉じないようにしよう。「馥郁たるショパンの演奏」という表現に出会うこともある。これは、〔嗅→聴〕のパタンである。

右の一〇種が共感覚表現のすべてではない。右のリストの共感覚と原感覚を逆転させたパタンが考えられる。これらの例を次に示そう。

「甘い質感」〔味→触〕
「?」〔嗅→触〕
「濃いねばり」〔視→触〕
「うるさい痛み」〔聴→触〕
「香ばしい旨味」〔嗅→味〕
「厚みのある味」〔視→味〕
「にぎやかな味」〔聴→味〕
「澄んだ香り」〔視→嗅〕
「静かな香り」〔聴→嗅〕
「やかましい柄」〔聴→視〕

ここにも、頻度の差がある。ふたつ目の〔嗅→触〕のパタンには、いまなお確実な例が見つからない。これらの中でもっとも頻度の高いパタンは、〔視→味〕である。「丸みのある味」「ごっつい味」「薄い味」「濃い味」「濁った味」「透明な味」「深い味わい」などは、すべてこの〔視→味〕のパタンに属する表現である。ただ、どこまでが視覚表現かについては、判断基準が一定していない（『ことばは味を超える』および三の皿を参照）。

形に関して補足しておけば、形容詞プラス名詞の型にこだわる必要はない。「薄い味」と「薄味」と「味が薄い」は同列に考えていい。また、「味を見る」と「味見」も〔視→味〕のパタンに属させていいだろう。こう考えれば、「味が立っている」もこのパタンの表現である。

では、共感覚表現全体の中で、味覚はどのような位置を占めるだろうか。データから帰納できることは、「味覚は共感覚表現の交差点」である。整理すると次のようになる。

〔味覚→X〕のパタン
「甘い声」〔味→聴〕
「渋い柄」〔味→視〕
「酸っぱい香り」〔味→嗅〕
「甘めの質感」〔味→触〕

〔X→味覚〕のパタン
「静かな味わい」〔聴→味〕

「薄っぺらな味」〔視→味〕
「香ばしい味」〔嗅→味〕
「重い味」〔触→味〕

右の整理の後半、つまり〔X→味覚〕のパタンが、共感覚表現を通じて味ことばを拡大する方法につながる。「共感覚表現を利用せよ」とは、「〔X→味覚〕のパタンを活用せよ」ということである。

順に例と説明を加えよう。

まずは、〔聴→味〕。「静かな味わい」を疑問視する人も、「味のハーモニー」や「味の余韻」には納得せざるをえないだろう。「味音痴」や「味覚音痴」という表現もある。酒党には「聞き酒」がお馴染みだろうし、擬音を使えば「ガツンとくる味」などがどんどんできる。擬音は表現の宝庫である（武藤彩加「味ことばの擬音語・擬態語」、『ことばは味を超える』所収）。

次に、〔視→味〕。味ことばの一大源泉である。視覚は、五感の中でもっとも分節性が優れている。つまり、外界からの刺激を明確に区別して理解する能力がもっとも高い。それゆえ、ここから味覚表現として取り込めることばも豊富である。一見したところ視覚の表現だとは思えないものも、よく考えれば視覚表現だということがある。たとえば、「はっきりした味」とは、突き詰めれば、「形がはっきりした」ないしは「輪郭がはっきりした」に行き着く。「形」や「輪郭」は、視覚表現である。この逆が、「ぼやけた味」「ぼんやりした味」「味がぼやけている」などであり、やはり視覚表現である。

これらの表現の背後には、実は、「味はものである」という見方が潜んでいる。そして、「ものである」ということは、「形がある」ということである。さらに、その「もの」が立体だとすれば（「もの」は、典型的には「立体」である）、味に「厚み」や「広がり」や「深さ」や「奥行き」ができることになる。

視覚で捉えられるものは、形だけではない。もうひとつの重要な類は、光である。光には、色、明るさ、鮮やかさ、透明度などの要素が関与する。そこで、「澄んだ味」「濁った味」「きらびやかな味」「明るい味わい」などの表現が生じる。「味が濃い」というのも、この系列の表現である。

〔嗅→味〕のパタンは、例が少ない。このパタンに限らず、嗅覚を共感覚（貸し手）とする共感覚表現はすべて、実例が少ない（先に述べたように、〔嗅→触〕は例が見つからない）。理由は、嗅覚固有の表現がわずかしかないからである。それでも、いくつかは見つかる。「香ばしい味」「生臭い味」など。

最後の〔触→味〕のパタンは、実例が再び豊かである。触覚には、いくつかの下位類が区別できる。圧覚、痛覚、温覚、冷覚、それに物質のテクスチャーを識別する能力が備わる。たとえば、硬軟、乾湿、粘性、触性などが識別できる。味ことばには、これらすべてが関係する。例を示せば、「ずしっとくる味」（圧覚）、「ピリ辛」（痛覚）、「ひんやりした味」（冷覚）などが挙げられる。擬音語・擬態語が活躍するのは、とくにテクスチャーにかかわる部分である。たとえば、「ぬめっとした味」。

実例を見よう。すべて〔視→味〕のパタンに従う。

○どのようにしてこの重層的な味と香りを出したのか

○チャック・マサラは、ガラム・マサラの辛味に唐辛子の丸みのある辛さが足される
○たとえ素材が本物でも調味料が本物でなければ、すべての味が崩れてしまいます

それぞれ、ポイントとなるのは、「重層的な味」「丸みのある辛さ」「味が崩れて」の部分である。最後の例は、「味」を「もの」と捉え、かつ「建築物」（作り上げたもの）と見立てた上で、それが「崩れて」と表現している。

このような表現法が日本語独自のものでないことを示すために、英語の例も二例引こう。もともと、共感覚表現は、「共感覚法」（synesthesia）というレトリックの技法のひとつに由来する（瀬戸賢一『日本語のレトリック』）。

○You feel the deep taste of this cocktail.（このカクテルの深い味わいがわかります）
○This gives sake from Yamada-Nishiki a pure, clear taste.（こうして山田錦からできた酒は、純粋ではっきりした味になるのです）

これらも、〔視→味〕のパタンを例証する。deep taste（深い味わい）とclear taste（はっきりした味）が、それぞれのポイントである。だが、ここに、ちょっとしたことば遣いの違いがある。敏感な読者は、すでに気づいたかもしれない。deep tasteに対応する日本語は、「深い味」とせずに「深い味わい」とした点である。なぜか。実際に検索してみると、「深い味わい」が「深い味」の約八倍の頻度で現

れる。

これは、実際のことば遣いの微妙な違いをよく示す結果である。「味わい」は、「味わう」という動詞の連用形が独立したものである。「味わう」がプロセスを表すのと同じように、「味わい」も、名詞の資格を得ながらやはりプロセスの意味合いを多分に残している。プロセスは、時間の経過を要する。ここに、味の入り口から奥への空間的・時間的進行を表す「深い」と「味わい」が結びつく根拠がある。深く味わうことによる味の展開が、この表現に託される。

さらに、語順を入れ替えてみよう。「味わい深い」は、頻出する表現であるのに対して、「味深い」は、数字の上でもごく少数派だとわかる。味が微妙であるのと同じくらい、味ことばも微妙なのである。

証言をひとつ引こう。勝見洋一『恐ろしい味』から。

○　いい鮨屋はみんな超能力者に違いないと、以前から私は思っている。いくら高価で新鮮な種や吟味した飯や酢を使っても、かわいそうなくらい味の不出来な鮨屋がある。握る技術はしっかりしているのに、どこか味に魅力がない。舌の先で味わえばそれでお終いで、奥深さがない

これに対して、clear taste の場合は、「はっきりした味」がふつうの表現で、「はっきりした味わい」を数倍リードしている。「味がはっきり」と「味わいがはっきり」とを比較すれば、その差はさらに

大きく広がる。先に述べたように、「はっきり」は、「味の輪郭」についていう表現である。このとき対象となるのは、輪郭をもつ「もの」としての「味」であり、プロセスとしての「味わい」ではないだろう。この違いが、頻度の差となって現れると理解したい。

もうひとつ、この節で扱った表現として「明るい味」を考えておきたい。これは、どんな味なのだろう。やはり、実例に当たってみよう。それが近道である。目立つのは、次のようなワインの味を表現した例である。

○モンローズのセカンドを飲んだ後だったので、印象としてとにかく明るい味という感じでした。イタリアの太陽のような明るさ

○このシャルドネは単独で飲むなら夏のプールサイドのお供にぴったりな感じの明るい味のワインです

このような表現を目にすると、読者は、これは本当に味の表現なのだろうかと訝しがるかもしれない。この疑問は正しい。「明るい」は、味そのものよりも、「イタリアの太陽」や「夏のプールサイド」の方だろう。しかし、なおかつ、味も表現していると見たい。いわば場所の明るさが味に乗り移った格好である。そして、これは、味ことばを一層拡張するきっかけとなる。そこで、最後の方法に移ろう。

【方法6】　比喩を利用せよ。

「サバンナの夕日のような味」は、比喩で味を伝える。比喩は、私たちを解放する。広い意味で使おう。

共感覚表現がいかに豊かであろうとも、それは、まだ五感の範囲内の表現である。いま・ここ・私の感覚の呪縛から完全に脱するのが難しい。もちろん、味わうべき料理が目の前にあり、味が舌先にあり、話しかける相手がそこにいるなら、それで十分かもしれない。味を五感全体で受けとめて、それをフル活用すればいい。しかし、それでも足らぬことがある。

そこで、おもな比喩の可能性を整理するために、例として「目玉焼き」と「卵焼き」を比べよう。意外なことばの仕掛けに気づかされる。

まず、「目玉焼き」のふつうの解釈は、『広辞苑』が定義するように、「卵をかきまぜずにフライパンで焼いたもの。黄身を目玉に見立てていう」である。「見立て」ということばからわかるように、黄身と目玉との間に類似関係を見る。この表現法をメタファー（隠喩）という。「目玉焼き」は、メタファーである。それも、案外露骨なメタファーである。急に「目玉」が生々しく感じられはしないか。

「卵焼き」は、何の問題もない表現のように見える。しかし、メタファーとは異なることばの仕掛けが二重に施されている。まずは、「卵」に注目して、『新明解』を引いてみる。第一の定義は、「鳥・魚・虫などの雌が産む、丸い形のもの。かえると、子になる。殻をかぶったものと、そうでないものとが有る」。頭が下がる思いがする。さらに加えて、「狭義では、ニワトリの卵を指す」とある。これが「卵焼き」の「卵」の意味である。

こんなことはわかりきったことのようだが、ここに意味の重要な働きがある。第一の定義は、類としての「卵」を記述する。つまり、卵一般ないし一般的な意味での卵。ここにはカエルの卵なども含まれる。続く狭義の定義は、種としての「卵」を記述する。つまり、卵一般ではなく、その中のある特殊な卵（ニワトリの卵）。意味の範囲が類から種へ縮小しているのがわかるだろう。この類で種を表す（あるいは逆に種で類を表す）用法を、シネクドキ（提喩）という。「花見」の「花」で「桜」を意味するのも、類で種を表すシネクドキである。なお、『新明解』の「卵」の第二の定義は、「そのまま成熟・発達すれば本格的になるもので、未成熟・未発達な段階にあるもの」である。これは、「医者の卵」や「台風の卵」などの「卵」の意味であり、メタファーである。

ちょっとしたことばにも、意味の仕掛けがある。「卵焼き」でもうひとつ注意すべき点は、この類で種を表すシネクドキが別なところでも働いていることである。いま「卵」は「鶏卵」だと理解した。残るは、「焼き」の部分である。「焼き」は、これで「焼いたもの」を表す。「焼く」というプロセスの結果生じたものである。この点では、「清水焼」の「焼」と同じである。問題は、「卵焼き」のふつうの意味が「鶏卵を焼いたもの」を超える点である。

「卵焼き」は、もうほとんど国民的アイドルである。弁当の必須のアイテムです。味付けに多少の地域差があるのは仕方がないが、形が問題だ。ただ焼いただけなら、目玉焼きも卵焼きになってしまう！　卵焼きは、もっと神聖なものであり、弱火で焦がさないようにゆっくり薄く焼きながら、手前から向こうにくるくると巻き込むようにしなければならない。仕上がりを包丁で切ると、断面が陸上競技のトラックの形になっているのが正しい。つまり、「卵焼き」の「焼き」は、特殊な技術を要する焼き方を意味する。ここでも類で種を表すシネクドキが働く。したがって、「卵焼き」の意味は、同じ種類（類で種を表す）のシネクドキが二重に働いた結果である。

もうひとつ重要な比喩で、味ことばの発展に大きく寄与するものがある。メトニミー（換喩）である。これは、ものとものの隣接関係に基づいて、一方から他方に指示が横すべりするという型である。おもな隣接関係に空間隣接と時間隣接がある。空間隣接のパタンのわかりやすい例は、「丼」である。文字通りの意味は、「大型の茶碗」だが、「丼を注文する」ときの「丼」は、入れ物で中身、あるいはその全体を指す。「丼を平らげる」では、入れ物で中身のみを指す。これらは、メトニミーの例である。

時間的隣接の例は、実は、「卵焼き」に含まれている。「焼き」は、先に述べたように、「焼く」の連用形が自立したものなので、もともとプロセスを表す。「秋刀魚の焼き加減をみる」や「まだ焼きが足らない」などの「焼き」は、このプロセスの意味だ。このプロセス的意味が、「卵焼き」では、「焼いたもの」という結果的意味に転じる。この意味変化の部分は、プロセスとその結果という時間的隣接に基づくので、メトニミーである。右でシネクドキだと説明したのは、「焼いたもの」が単にそれだけの意味ではなく、より特殊な「焼いたもの」を意味する、という点に関してである。

三種の広い意味での比喩のパタンをまとめると、次のようになる。

メタファー（隠喩）――類似関係に基づく
メトニミー（換喩）――隣接関係に基づく
シネクドキ（提喩）――包摂関係に基づく

類似関係は、異なったふたつの領域の間で働く。メタファーでは、「目玉焼き」の「目玉」が、人間の目玉と卵の黄身では異なった領域に属し、意味が一方から他方へ跳躍する。隣接関係は、ものとものが空間的・時間的に隣接しあう。メトニミーでは、指示が一方から他方に横すべりする。「丼」から「具ののった飯」へ、あるいは「焼き」というプロセスからその結果としての「焼いたもの」へ。包摂関係は、ふたつのカテゴリーが含む・含まれるという関係にある。シネクドキでは、より大きなカテゴリー（類）からより小さなカテゴリー（種）へ意味範囲が狭まる、あるいは逆に、より小さなカテゴリー（種）からより大きなカテゴリー（類）へ意味範囲が拡がる。

これで準備が整った。メタファーは比較的よく知られているので、メトニミーを重点的に取りあげよう。味ことばに関係するおもな隣接関係を図で示すと次頁のようになる。

料理の味は、いつ（時）、どこで（場所）、誰が（調理人）、誰に（食べる人）、何を（素材）、どのようにして（プロセス）つくるかによって変化する。より細かく見れば、調理道具によっても、二次素材としての味付けによっても、味は大いに変わる。また、大きく見れば、時と場所は、素材・（調理）プロセス・料理の個々の場面にも、その全体にも関わる。

では、これらの個々の要素は、味ことばにどのように反映されるだろうか。順に簡単に見よう。

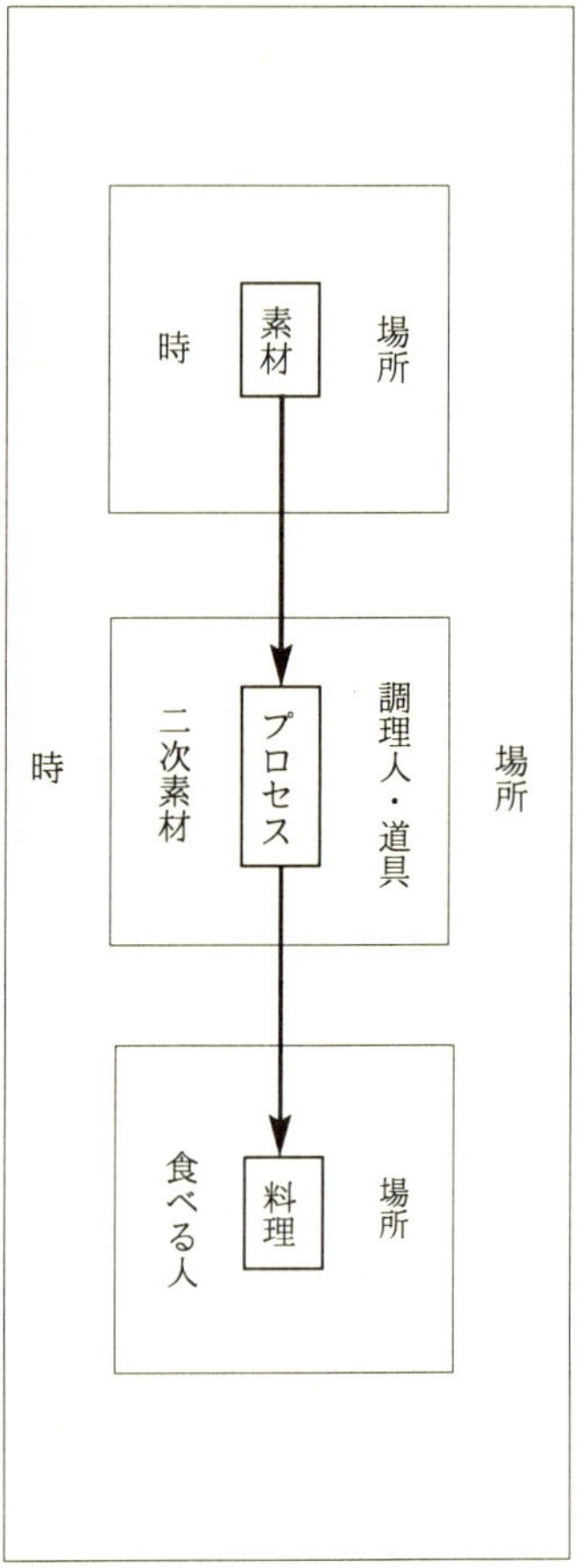

まず、素材。たとえば、「松茸の香り」のように直接的に素材の名を味や香りに結びつけることができる。また、その特性としての味や香りが「天然の」ものか「合成の」ものかを表せる。さらに、素材がとれた場所によって味を見分けることができる。たとえば、「関サバ」というように、場所によってブランド名をつけ、味の指針とすることができる。同じカテゴリーに属するブロッコリーであっても、国産とアメリカ産と中国産では、おのずと差が生じる。「ボルドー」のように、地名で産物（ボルドー産の赤ワイン）を表すことさえ可能である。時に関しては、同じくワインの評価として「〜年産の」を冠していう。

次に、調理人はどうか。「一流シェフの味」を売り物にできる。一流シェフがいる場所に注目すれば、「一流ホテルの味」「五つ星レストランの味」などと表現できる。「おふくろの味」や「素人料理」もこの仲間である。

調理や仕込みのプロセスを表現するのは、「じっくり発酵させた味」「手作りの味」などである。最近では、「ファーストフード」に対する「スローフード」に注目が集まるようになった。しかし、現実には、素材は「冷凍の味」がして、調理プロセスは「電子レンジの味」ということになっていないか。

味は、食べる人とも結びつく。「お子さまの味」「女の子向きの味」「庶民的な味」などは、味ことばとしてある類型を示すだろう。「ホッとする味」は、食べ手が食べたときの感じを直接味に託す。そう、食べたときの思いを直接味に結びつけて表現してもいいのだ。味ことばとしての一般性を無視して、食べたときに幸せを感じたなら、「幸せな味」と言っていい。「幸せ」なのは「味」そのものではなく、「味」と隣接関係にある食べ手なのであるが、そこはメトニミーが面倒をみてくれる。

これで一通りメトニミーによる味ことばを見た。いまの時点で、もう一度、「明るい味」を考えればどうなるだろうか。それがワインの味なら、やはりメタファーとメトニミーが混じり合っていると見るべきだろう。ただし、その比率は、人によってまちまちである。また、メトニミー解釈も、素材が育った地の特性（イタリアの明るい太陽）に注目したのか、飲み手がグラスを傾ける場の特性（夏のプールサイド）に着目したのか、などで分かれる。あるいは、「幸せな味」が「人を幸せにしてくれる味」を意味するように、「明るい味」は、「人を明るい気分にしてくれる味」なのかもしれない。

世の中には、「明るい（性格の）人」や「暗い（性格の）人」がいる。メタファーとメトニミーが微妙に交錯する。

このような複眼的な視点をもって、共感覚表現の全体を振り返れば、しばしばそこにメトニミーが働いていることに気づかされる。ほぼ全面的に働く場合からかすかに作用するという程度まである。すでに指摘されているように、「赤い味」は、料理そのものに存在する赤色（たとえば、赤唐辛子）との隣接関係によって生じる味である（山口治彦「さらに五感で味わう」、『ことばは味を超える』所収）。

「深い味わい」も思い出そう。「味」とせずに「味わい」としたのは、その方が味わうための時間経過がよく表せるからであった。「深い」は、中心にあるのは空間的意味である。表面からある地点までの距離が、比較相手より長いときに用いられる。垂直方向を典型とするが、「深い洞窟」のように水平面にも用いる。と同時に、その地点に到達するまでの時間の長さも暗示する。「深い味わい」は、時間経過とともに移ろいゆく味の重層的な変化が、先に感じた味に負けない広がりを見せるときにこそふさわしい。また、味を感じる舌先からのどの奥までの受容器官の上での「深まり」も、これと連動するだろう。

さらには、料理・食物の味そのものに「深さ」を仕込むことができる。もっとも単純な例では、ジャムパンには一センチ程度の味の深さがある。あれがすべてパンならば、なんとも味気ない。パンのサクッとした歯触りと、ジャム（ふつうシネクドキの作用によってイチゴジャムを意味する）のムニュッとした甘い舌触り、この間に時間差がある。ここにはわずかながら、空間的・時間的な現実の「深い味わい」が存在する。もっと深さを追求するなら、イチゴジャムのプチプチ感を工夫するなどの方法を考えることになるだろう。

この点は、基本的には、他の「深い味わい」にも当てはまるのではないか。早くに立ち上がる味、遅れてやってくる味、深く埋め込まれた味、刻々と変化する味、これらが一体となったときに「深い味わい」が感じられる。そうだとすると、「深い味わい」の根拠は、少なくとも部分的には食そのものに秘められた味の隣接関係に基づくといえるだろう。共感覚表現には、メタファー以外に、しばしばメトニミーも関与するということである。（味の「深さ」については、五の皿に詳しい。）

四　至高の味ことば

味ことばに関して、メトニミーの特性がかなり明らかになったのではないか。もうひとつ重要な比喩に、シミリー（直喩）がある。これは、メタファーの妹のようなもので、メタファーが異なった種類のものを領域を超えて強引に結びつけるのに対して、シミリーは、もう少し遠慮気味に、「〜のような」などのつなぎことばとともに異種のものを結ぶ。

その結果、シミリーは、ふつうメタファーより緊張度が低下する。それでもよくできたシミリーは、下手なメタファーにまさる。勝見洋一の『恐ろしい味』から引用しよう。

〇西洋種のはまぐりに比べて日本のはまぐりの柔らかな味は、香りも味も野辺に咲く薄甘い草花に似ているように思う

シミリーの合図となるのは、「〜のような」「〜みたいな」「〜に似た」「〜に似ている」「〜風の」

「〜を連想させる」「〜じみた」「〜っぽい」「〜調の」などである。先に挙げた「サバンナの夕日のような味」は、シミリーの例である。豊かな表現の可能性を秘める。

この他にも、比喩の可能性はある。それらを個々に探ることは興味深いことだが、それらを覚えればそれだけその場にぴったりの味ことばが創作できるかというと、そうとも限らない。そこで、至高の味ことばというべき優れた実例を見ることにしよう。そして、それらをつぶさに観察しよう。開高健の文章をふたつ引く。味ことばにかける意気込みに、凄味を感じさせるものがある。最初は、最高級のワインの味を叙した箇所である。（この一節については六の皿も参照。）

いい酒だ。よく成熟している。肌理《きめ》がこまかく、すべすべしていて、くちびるや舌に羽毛のように乗ってくれる。ころがしても、漉《こ》しても、砕いても、崩れるところがない。さいごに咽喉へごくりとやるときも、滴が崖をころがりおちる瞬間に見せるものをすかさず眺めようとするが、のびのびしていて、まったく乱れない。若くて、どこもかしこも張りきって、撥剌としているのに、艶《つや》やかな豊満がある。円熟しているのに清淡で爽やかである。つつましやかに微笑しつつ、ときどきそれと気づかずに奔放さを閃めかすようでもある。咽喉へ送って消えてしまったあとでふとそれと気がつくような展開もある。

（「ロマネ・コンティ・一九三五年」）

順に味ことばを拾っていこう。

・「成熟して」――これで全体の基調が決まる。背後に、「味は人」という見立てがある。これに基づいて、「味が生きている」などの表現ができる。

・「肌理がこまかく」「すべすべして」——〔触→味〕の共感覚表現。舌は味覚の器官であると同時に触覚の器官でもある。が、舌の触覚性をあまり強調しすぎてはならない。これらの表現は、第一義的には「手触り」であり、それが舌に託される。「味は人」、さらに言えば「味は女性」のメタファーも部分的に感じられる。

・「羽毛のように乗ってくれる」——「羽毛のように」はシミリー。軽やかさ、柔らかさなどを伝える。〔触→味〕の共感覚表現の応用。「重い味」の対極。

・「ころがして」「漉して」「砕いて」「崩れる」——背後に、「味はもの」のメタファーがある。ものとしての「味」をころがしたり、漉したりする。ものには形が備わるので、それを「砕いても、崩れ」ないと表現する。

・「滴が…眺めようとする」——「崖」は喉のメタファー。ゴクンと飲み終える寸前の味の姿を捉えようとする。「見せるもの」は「見せる姿」のことであり、それを「眺めようとする」。基本的には、「味を見る」と同じパタン。

・「のびのびして」——視覚的な意味が強いが、「味は人」をベースにする。味の姿、その振る舞いが萎縮せずにのびやかである。

・「乱れない」——中心は「味はもの」であり、ものとしての味の形が「乱れない」（崩れない）ということ。

・「若くて」「どこもかしこも張りきって」「撥剌として」——「味は人」のメタファー。人に見立てるメタファーには、特別に擬人法という名前がある。「撥刺として」は、人の精神面にも及ぶ。
・「艶やかな豊満」——「味は人」、さらに「味は女性」を強く感じさせる。
・「円熟して」——冒頭の「成熟して」と対応。
・「清淡で」——「清く淡い」と分解して解釈すれば、いずれも〔視↓味〕の共感覚表現。ただし、「味は人」をベースに考えれば、人としての味の性格が「清淡」だと理解できる。その両方でもある。
・「爽やかで」——〔触↓味〕の共感覚表現であり、人としての味の性格を伝える。また、「飲み手を爽やかな気分にさせてくれる」という意味合いも読みとれる。
・「つつましやかに微笑し」——「味は女性」の視覚的・性格的な側面。
・「奔放さを閃めかす」——「味は人（または女性）」の性格面を表す。
・「消えて」——「味はもの」なので、ものとしての味の姿が「消えて」しまう。
・「展開」——味の展開のこと。もっとも奥まったところにある味が、最後に自らを開示する。

ワインそのものも高級であるが、見事に仕上げられた味ことばもそれに引けをとらない。それをいちいち解説するのは、むしろ味消しのような気がしないでもない。

次は、同じ著者の「越前ガニ」を味わおう。至高の味ことばの行き着く果てを見届けたい。鳥取ではマツバ、福井ではエチゼン、新潟ではタラバと呼ぶカニである。「いまかりにエチゼンもマツバもタラバもひっくるめて日本海のカニと呼ぶことにする。このカニは絶品である。いいようがない。」

心配はいらない。「いいようがない」というのも、味ことばのうちである。それに、それだけで終わるわけはない。なにしろ、冬の午前一時、二時ごろから波止場で舟の帰りを待つ男である。

やがて舟が入ってくると、ドラム罐にがんがん沸かした湯のなかへとれたてのカニをどんどんつける。〔……〕そして、ホカホカ湯気のたつカニの足をポキポキと折り、やにわにかぶりつく。海の果汁がいっぱいにほとばしり、顎をぬらし、胸をぬらす。ついで左手のゴロハチ茶碗に市場のオンさんから辛口の酒をたっぷり注いでもらい、チクリとすする。カニをひとくちやり、酒をひとくちやる。カニはそのまま頬張るのがいちばんだが、酢につけるのもよろしいし、ショウガ醤油につけるのもよろしいよ。だけど、そのままでいいんだ。それがいちばんだ。

（開高健「越前ガニ」）

がんがん、どんどん、ホカホカ、ポキポキと、カニ身にぐんぐん肉迫して、やにわにかぶりつく。いかにもうまそうだ。では、これらの表現を含めて、この引用文全体にはどれだけの味ことばが含まれているだろうか。意外にも、ひとつもない。「ひとつもない」が言い過ぎなら、ほとんどない。確かに「海の果汁」が気になるメタファーである。しかし、それはカニの汁を喩えたもので味の表現ではない。唯一それらしいのは、「いちばん」。だが、これは、一般的な評価語である。にもかかわらず、越前ガニのうまさが十分に伝わってくる。なぜだろうか。

右の引用の数行先を読もう。カニを味わうにはどんぶり鉢が入り用らしい。

殻をパチンと割ると、白い豊満な肉《しし》置きの長い腿があらわれる。淡赤色の霜降りになっていて、そこにほのかに甘い脂と海の冷めたい果汁がこぼれそうになっている。それをお箸でズイーッとこそぎ、むっくりおきあがってくるのをどんぶり鉢へ落す。そう。どんぶり鉢である。食べたくて食べたくてウズウズしてくるのを生ツバ呑んでこらえ、一本また一本と落していく。やがてどんぶり鉢いっぱいになる。そこですわりなおすのである。そしてお箸をいっぱいに開き、ムズとつっこみ

「アア」

と口をあけて頬ばり

「ウン」

といって口を閉じる。

もはや「甘い」の一語は、どちらでもいい。「アア」と「ウン」に味ことばを超える味ことばを感じとってもらえるなら——。

何が違うのか。ワインのときとどこが違うのか。ワインでは、ひたすら味を叙述した。カニでは、ひたすら状況を叙述している。カニはそれができる。もちろん、冬の波止場に立つ者のみにできる。状況を的確に書き込めば書き込むほど、読者は波止場に引き寄せられる。ひとつ前の引用の〔……〕で略した部分には、実は、次のような描写があった。

とれたてのカニは妙に色の薄い、淡褐色の甲殻類であるが、一度熱湯をくぐると、あのあざやかな赤になる。それをこうコンクリ床《ゆか》にならべて仲買人のあいだで競りがはじまる。それはちょっと活力のみなぎった光景だが、あなたは一歩うしろへさがる。

最後の「あなたは一歩うしろへさがる」は、作家の開高が待ちきれない思いの自分に向かって言ったことばであると同時に、読者を現場に立たせるための一文でもある。これで開高が「アア」「ウン」と言うとき、読者の口もいっしょに動くはめになる。

冒頭で述べたように、食の場を共にするとき、ことばはほとんどいらない。「美味しい」のひとことで足りる。それをさらに昇華させれば、「アア」と「ウン」に行き着く。

二の皿　脳で味わう　おいしさの科学とおいしさの表現

一　「おいしい」という信号

「おいしい」ということばは一種の信号である。砂糖をなめて「甘い」ということと同じで、他のことばでは表現のしようがない。もっとも、「苦味ばしった甘味」とか「ほのかに甘い」という表現があるように、「コリコリした噛み心地のおいしさ」とか「こくがあっておいしい」といった表現でより詳しく内容を伝えることは可能であるが、「甘い」や「おいしい」そのものを別のことばでは言えない。砂糖をなめたときに生じる万人共通の味覚を「甘い」と定義し、食べたときの快感を「おいしい」と言い習わしてきたからである。

砂糖といった単一の化学物質をなめたときの単純な感覚を、分解して別のことばで表現することは不可能であっても、その強弱や甘味の質的な違いを他の甘味と比較することは可能である。砂糖の甘味とサッカリンの甘味、蜂蜜の甘味などには味の微妙な違いがあって、その相違を言葉を使って説明することは可能であろう。

一方、おいしいという表現は、単一の化学物質を味わったときというより、多くの場合は加工食品、農産物、海産物など、またそれらを調理したお料理、すなわち、物理化学的性質の異なった物質が複雑に入り混じったものを味わったときに出るものである。このときは、味覚はもとより、噛み心地、舌触り、冷たさ、温かさ、香りなどの感覚が入り混じった複雑系である。ただし、個々の要素の分析をしてそれを積み重ねて、その結果としておいしい・まずいを判定するというよりは、その複雑系の全体像の直感としてすみやかにおいしい・まずいの判定ができるのである。異性の顔を一目見て好みか否かの判断が瞬時にできるようなものである。

大脳は左右の半球から成り、左半球は分析的な理性の脳といわれ、右半球は総合的な感性の脳といわれる。おいしい・まずいといった芸術的で美的な感じ方は右脳の得意とするところであり、それがどのような味の構成から成り、味以外のどのような感覚要素から成るのかといった分析的な判断は左の脳の役目である。ということは、ある食べ物を口にしたとき、右の脳と左の脳はほぼ同時に活動を開始するのであるが、まず右の脳でイエス（おいしい）かノー（まずい）の判断がなされ、左脳に存在する言語中枢を介しておいしいとかまずいといった発言をするのである。左脳の分析は、複雑系になればなるほど分析結果に時間がかかり、その表現も難しくなる。しかし、時間を少しかければ、その人の語らいの能力に依存して、その味の分析結果を言語的に表現することが可能になる。つまり、母親の手作りのカレーライスと街のレストランで食べたカレーライスのどちらがおいしいかは右脳ですみやかに判断できるのだが、どこがどう違うのかを分析し言語的に表現するのは左脳であり、これには時間がかかり、その表現法には大きな個人差が認められる。

本書は、味やおいしさをいかに表現できるのかを問うことを主眼としているのであるが、本章では、その背景ともなるおいしさを感じる脳のしくみについて述べたいと思う。

二　おいしさ——各種感覚の統合

「おいしさ」とは食べること、飲むことにまつわる快感である。この快感をもたらすのは、空腹感とともに食卓につき、食べ物が運ばれると食事が始まり、種々の食物を順次に口に入れ、咀嚼し、飲み込み、そして食事が終了し、一服する、といった一連の過程の中で生じる各種の感覚情報である。食事に際しての感覚をおおまかに分類すれば、食物を摂食する前の感覚として、視覚と嗅覚があり、口に入れたときの感覚として味覚、触（圧）覚（歯ごたえ、舌ざわり、噛み心地などの食感）、温度（冷、温、熱）感覚、痛覚、聴覚（咀嚼音）などがある。そして、飲み込んだ後の感覚に内臓感覚や満足感、至福感などがある。

《視覚》

視覚情報は、食物がどこに存在するのか、またそれは食べられるものか否かの識別に不可欠である。食物を見て、過去に食べた経験があるものか、初めてのものであるか、あるいは自分の好きなものか嫌いなものかの判断にも重要である。一方、食物の色彩は食欲を左右する大きな因子である。料理の盛りつけを写真に撮り、人工的な配色をすれば、色の配合によりまったく食欲を起こさせないことも可能である。真っ黒なリンゴや赤いバナナ、青い牛肉などは思っただけでも気持ちの悪いものである。

《嗅覚》

食物を口に入れる前に食物から漂うにおいは食欲に大きな影響を及ぼす。自分の好物のにおいをかぐと、食欲がそそられ胃腸の運動が高まったりする。このときのにおい物質は鼻の前方、つまり鼻孔から鼻腔内に入り、嗅細胞を刺激するのであるが、咀嚼中に生じるにおいは咽頭部、つまり後方から逆流するように鼻腔に入り込み、味覚と複合し、渾然一体となった感覚を引き起こす。この複合感覚を風味（フレーバー）という。我々が日常的に食べ物の味と認知しているものの実体はこの風味であることが多い。従って、鼻をつまんでジュースを飲むと、単に甘い溶液としか感じなかったり、カゼをひいて鼻がつまったりすると、においが十分感じられずおいしいと感じられなくなるのである。

においの作用の一つに、精神活動や自律神経活動に対する影響がある。一般に、よいにおいは人の気分を爽快にし、落ち着かせるが、悪臭は単に不快感に留まらず、ときには吐き気や頭痛をひき起こし、精神を不安定にする。逆に、よいにおいをかげば、呼吸が深くなり、ゆっくりした呼吸になったり、血圧が下降し、過度の緊張をほぐすなどの鎮静効果がある。

においの大きな作用は、食物中の揮発性香気成分による食欲に対する直接的な影響である。食物（とくに、果物や料理）が、みずみずしい新鮮なうちや、でき立てのうちに食べるとよりおいしく味わえるのは、食物中の香気性分が豊富に揮発して、香りが強く生じていることがその理由である。

《聴覚》

聴覚の作用には、次の三つがある。一つは環境音であり、ムードあるバックグラウンドミュージックなどが流れると落ち着いておいしく食事ができるが、騒音のもとでは満足に食事ができない。

二つ目は、食欲中枢を直接刺激するような音である。たとえば、近くで誰かがうどんやそばをツルツルと音を立てながら食べているようなときで、特定の食対象物に対するイメージと結びついて食欲がわく場合が考えられる。

三番目は食物の物理的性状により生じる咀嚼時の固有の音（響き）である。カリカリ、コリコリ、バリバリといった食物固有の咀嚼音は、おいしく食べる上で重要な要因である。

《味覚》

口の中に取り込まれた化学物質の刺激を受け取る構造物を味蕾（みらい）という。味蕾は花のつぼみ状の小さな構造物で、その中には、細長い味細胞が数十個集合している。味蕾は、舌の前の方では散らばって存在するが、大臼歯の横の舌の縁や、舌の後の方の中央部では集合して存在し、奥歯で食物をかみしめた時や、飲み込むときに味をよく感じるようになっている。味蕾はほかに、軟口蓋や咽頭、喉頭部の粘膜にも分布していて、のど越しの味を感じるのに役立っている。口腔内の味蕾総数は、乳児では前記部位以外に、頬粘膜や口唇粘膜にも認められ、約一万にも及ぶが、成人になると減少し、舌に五〇〇〇個あまり、舌以外に約二五〇〇個となる。なお、味細胞の新陳代謝は活発で、七日から一〇日の寿命で次々と新しいものと入れ替わることが知られている。

摂取された食物は口の中で唾液や水に溶けて、分子やイオンの形で味細胞の表面の膜に接触する。たとえば、砂糖の分子は、味細胞膜にある特別な蛋白質(甘味受容蛋白質)に結合する。苦味物質やう

表１　基本味の性質と代表的物質

基本味	嗜好性	生体への信号	代表的物質
甘味 sweet	快	エネルギー源	糖類（ショ糖，果糖，ブドウ糖など），アミノ酸（アラニン，グリシンなど），アスパルテーム（Asp-Phe），合成甘味料（サッカリンなど），天然甘味料（ステビアなど）
うま味 umami	快	蛋白質	グルタミン酸ナトリウム(アミノ酸)、イノシン酸ナトリウム（核酸系）　｝相乗効果
塩味 salty	快→不快	ミネラル	塩類（純粋な塩味は塩化ナトリウム）
酸味 sour	快→不快	代謝促進 腐敗物	酸（水素イオンを含む有機酸，無機酸）
苦味 bitter	不快	毒物	アルカロイド（キニーネなど），配糖体（センブリなど），アミノ酸（ロイシンなど）など疎水性物質

ま味物質もそれぞれ異なった蛋白質に結合する。酸や塩は水素イオンやナトリウムイオンが味細胞内に入り込んだり、味細胞膜を通過するイオンの流れを変えることによって味細胞を刺激する。

以上まとめると、味細胞の表面の膜には少なくとも五種類の受容体があって、五基本味（甘味、塩味、酸味、苦味、うま味）を生じさせる代表的な物質であるショ糖、食塩、クエン酸、キニーネ、グルタミン酸が特異的に作用し、味細胞を活動させる。五基本味の詳細は表１にまとめた。

種々の物質の刺激を受けて生じた味細胞の活動は、接続している味覚神経にインパルスというデジタル型の信号を発生させる。この信号が、味の情報として中枢神経に送り込まれるのである。

《味覚以外の口腔内感覚》

食感（テクスチャー）　食物のおいしさに大きな影響を及ぼすものに、食物の物理的性状が口腔粘膜や歯根膜の中の触、圧受容器を刺激して生じる触覚、圧覚がある。すなわち、「口あたり」「舌ざわり」「歯ごたえ」などで表現できる感覚で、食感あるいはテクスチャーといわれるものである。ヌルヌル、ザラザラ、カリカリ、ポリポリ、パリパリといった擬音語で表現することが多い。食物はそれぞれ独自の化学的、物理的性状を有するために、味やにおいとともに、その独特の食感が、おいしさ、ひいては食欲に大きな影響を及ぼすのである。

油（脂）の味　てんぷらのように油で揚げたもの、霜降り肉や大トロのように脂肪を含むものはおいしい。純粋の油（脂）は、トリグセリドといわれる構造を有し、水に溶けないため味細胞を刺激できず無味である。てんぷら油を口に含んでもドローとした食感だけで味がしない。従って、油（脂）のおいしさはその香りや滑らかなテクスチャーによるとの考えもあるが、決してこれだけで油のおいしさは説明できない。

トリグセリドはリパーゼという消化酵素により脂肪酸とグリセリンに分解されると、両者は味細胞に対して刺激効果を発揮する。トリグリセリドは舌後部の葉状乳頭や有郭乳頭の溝の底に開くエブネル腺という小唾液腺中のリパーゼという脂肪分解酵素により一〇秒もすれば分解され始めるとされている。つまり、奥歯でよく噛んでいるうちに油（脂）としての味が出てくるのである。グリセリンは甘味受容体に結合し、脂肪酸は味細胞膜に存在する脂肪酸トランスポーターを介して刺激作用を発揮すると考えられている。油（脂）そのものは、五基本味のように明確な味を持たないが、食べ物の味、とくにうま味や甘味を増強しておいしく食べさせる働きがあるものと思われる。

アルコールの味　アルコール飲料はビール、日本酒、ワイン、焼酎、ウイスキーなど多種多様であるが、その共通の基本をなすのはエタノール（エチルアルコール）である。エタノールに対してだけ特異的に結合する受容体の報告はない。アルコールは粘膜を通過して一般体性感覚情報を伝える三叉神経を刺激し、味細胞に対しては甘味と苦味の受容体を刺激すると報告されている。従って、アルコールの味はこれらの複合された感覚として認知されるものと考えられる。焼酎やウイスキーの味は独特の香りはあるがその味は比較的エタノールの味を反映している。しかし、ビール、ワインなどのアルコール飲料はアルコール以外の味の要素が強いため純粋のエタノールの味はわからない。アルコール飲料はエタノールが吸収されたあと中枢神経に作用するからその酔い心地を求めて摂取する嗜好品でもある。

渋味　渋味の本態はまだ謎であるが、緑茶や渋柿に含まれるカテキンやタンニンなどが口腔粘膜を収斂させたとき感じる異様な感覚である。粘膜がビロードのようなもので被われた感じがする。収斂された粘膜から生じる触覚の異常とされている。強い渋味は不快なものであるが、適度な渋味は、緑茶、紅茶、赤ワインなどのこくのある深い味わいを醸し出す重要な要素である。

炭酸の味　炭酸飲料の発泡性のシュワシュワ感は口腔粘膜に対する炭酸ガスの気泡による物理的刺激によるものではない。確かにブクブクと泡立つがこの泡の力では粘膜を十分に刺激できないのである。最近の研究により、上皮組織に浸透した炭酸（H_2CO_3）が上皮組織に含まれる炭酸脱水酵素によりH$^+$とHCO^{3-}にイオン化されて三叉神経を刺激することによることがわかった。従って、炭酸脱水酵素の働きを止めると炭酸飲料のシュワシュワ感は感じられなくなる。緑内障の治療薬の中には、炭酸脱水酵素の働きを抑える成分が入っているので、この薬を服用する患者さんはコーラやサイダーのシュワシュワ感を感じることができない。

辛味（香辛料の味）　唐辛子、マスタード、ワサビ、しょうが、カレー粉などヒリヒリ、ピリピリした辛味は主役とはなり得なくても、脇役としては欠くことのできない重要な役割を演じる。食品関係、調理関係の領域では「辛味」と書くように、味のカテゴリーに入れてとらえられているのだが、科学的に基本味と同じようなレベルで純粋の味と考えていいのかどうかは長い間議論の的であった。しかし、最近の分子生物学的な研究の成果からは、「辛味の受容体は三叉神経終末に存在し、味細胞に存在しないので本来の意味での味覚ではない」とされている。

辛味の代表である唐辛子の成分であるカプサイシンはバニロイド受容体（VR-1）に結合する。VR-1は痛みや四三度C以上の熱に応じることから、侵害性温熱受容体ともいわれる。事実、強い辛みのとき、特に熱いお茶を口に入れようものならその増幅効果で灼熱感と痛みが口中に広がる。カプサイシンは痛みや温熱感覚を生じさせ、交感神経を刺激するので発汗作用もある。

唐辛子に対して、ワサビの成分であるアリルイソチオシアネートはやはり三叉神経の終末に存在する別の受容体を刺激し辛味を生じさせるが、温熱受容体ではなく、むしろ冷感受容体を刺激するので熱いお茶を飲んでも辛さが増幅されることはなく、発汗作用もなく、交感神経を興奮させる作用もない。またカプサイシンと異なり、この物質は揮発性が高いのでワサビは鼻にツーンとくる。

唐辛子のカプサイシンと正反対の働きをするのはハッカの有効成分メントールである。キャンディーやチューインガムにメントールが入っていると口の中がスースーと冷たく感じられて気持ちのいいものである。最近メントールが結合する特別な受容体が冷感を伝える神経の末端に発見された。このようにカプサイシンが灼熱感と痛みを生じさせ、メントールは冷感を生じさせるしくみが分子生物学的に明らかになったのである。

三　おいしさの要因

おいしいと思うときはどんなときかを考えてみよう。よく「空腹時には何でもおいしい」と言う。空腹時、すなわち、エネルギー源（ブドウ糖のこと）や栄養素が体の必要量以下に低下したとき、それが補充されると快感が生じ、我々はおいしいと思うのである。しかし、甘いものなどたとえ満腹していてもおいしいと思えるものもある。また、最初はそれ程好きでもなかったが、今ではやみつきになっておいしくて手放せないという食べ物もある。また、「これは有名な店の品だ」といわれると、「それならおいしい」と決めつけてしまうブランド指向や、アメリカのキャンディーよりフランスのキャンディーの方がおいしいと思い込んでいる人もいる。つまり、情報に左右されるおいしさというものである。以上の例からも示されるように、ここでは、おいしさにかかわる要因を、生得的、体内欲求性、獲得性、観念的といった四つの観点から考えてみよう。

《生得的（本能的）》

甘いものを摂取したときのおいしさは生まれつきのものである。食後の満腹時にも別腹と称してケーキやアイスクリームなどを平らげることができる。老若男女、人種を問わず基本的に甘いものはおいしい。生命維持のために必要なエネルギー源や栄養物、避けるべき毒物には各生物に共通なものが多い。しかも、それは進化の過程で身につけた生得的な化学感覚機能にもとづくものである。すなわち、甘いものの代表は糖であり、糖はエネルギー源である。このようにすべての動物にとって、体に必要な糖、さらには、塩、アミノ酸などは適当な濃度であれば、おいしく感じられる。毒物、腐敗物などはつねにいやな味としてとらえられ、避ける行動が生じる。それに応じて唾液、消化液、ホルモンなどの分泌、顔面表情などに摂取性あるいは嫌悪性の生体反応が生じる。例えば、生まれたばかりの赤ちゃんの口の中に砂糖水を一滴入れるとにこやかな笑顔を示すのに対して、クエン酸を入れると顔をしかめいかにもすっぱいという顔つきをするように、味の刺激で生じる生体反応は生まれつきの遺伝情報として備わっているのである。

また、おいしそうに見える色というのもある。寒色系の色より赤っぽい暖色系の色がおいしそうにみえる。これは植物の青い実が赤くなるとおいしくなり食べられるようになることと関係している。進化の過程でこのような情報が遺伝的に組み込まれ、暖色系の方がおいしそうにみえるのである。

《体内欲求性（欠乏性）》

体の状態は快・不快に影響を及ぼす。中でも重要なのは、体が求めているものを摂取したときの快感である。例えば、暑いときに冷たいものを摂取したり、のどが乾いたときに一杯の水を飲むととてもおいしい。肉体運動をしたあとは、エネルギー源であるブドウ糖を含むあめやチョコレートなどの甘いものが欲しくなる。またこのとき、クエン酸などの酸味物質がとてもおいしくなる。エネルギーを生産する代謝系の中間体であるクエン酸を補給することは、エネルギー生産に好都合なのである。

体内のナトリウムが欠乏した場合には、動物は食塩を多量に含んだ飲食物を探索し摂取するようになる。ナトリウム欲求あるいは食塩欲求と呼ばれる現象である。このようなナトリウム欠乏時には、食塩の塩からさはあまり感じられず、ふつうなら嫌がるような濃い食塩水が好ましい味として知覚される。しかし、塩味以外の味質に対する応答は変化しない。

また、必須アミノ酸の一つであるリジンが欠乏したラットは、本来は苦くて嫌悪性の味であるリジン溶液を好んで摂取するようになる。一般的に言えば、ビタミン、アミノ酸、ミネラル、糖分などの栄養素が体内に欠乏した場合には、一時的にその物質に対する嗜好性が高まり、不足物質の補給（摂取行動）に有利に作用していると考えられる。そして、このような行動は味覚情報をもとにした選択的摂取行動であることが知られている。

《獲得性（学習性）》

薬理効果　食経験によりある食べ物、食品を好ましく思い、好きになるプロセスは学習効果と考えられる。例えば、子供の頃は誰もが嫌がったはずのコーヒー、ビール、キムチなどを、大人になるとやみつきになり手放せなくなる人も少なくない。しかし、このような人でもコーヒーの中の苦味成分であるカフェイン、ビールの中の苦味成分であるフムロン、キムチの中の辛味成分であるカプサイシンを単独に口に入れてもなおかつおいしいという人はいないであろう。つまり、このような物質も入り、他の種類の化学物質も混じり合って渾然一体となった味覚や嗅覚、いわゆるフレーバーとしてのおいしさを評価できるようになったのである。このような各種の嗜好性の飲食物にはやみつきになる要素が含まれるが、これは後述のように、快感を生じさせる生理活性物質、とくに麻薬様物質の働きによるものである。

長期経験　このような常習性、依存性、麻薬性といった特殊な薬理効果を生じさせる食べ物とは違って、同じハンバーグでも母親の手作りがいいとか、カレーライスも家で食べるのが一番おいしいなどの好みがある。これは、子供の頃から食べさせてもらった母親の手料理に慣れて、その味を覚え込み、身についてしまったことによる。小さい頃から食べ慣れたものが好物になること、すなわち長期の経験が食嗜好性に影響を及ぼす可能性は動物実験でも検証可能である。我々の実験でラットを四群に分け、離乳期から成体になるまで各群のそれぞれに固型食、粉末食、ヒマワリの種、ハムスターのエサのいずれかを経験させておくと、これら四種の食べ物を同時に与えたとき、自分が経験したものを選択的に好んで摂取することがわかった。

味覚嫌悪学習　ある食物を食べたあとで、体の調子が悪くなれば、その食べ物の味や匂いを長く記憶に留め、二度と同じものを口にしない。この現象は、初めて経験する食物であれば、たった一回の食経験により獲得される強固な学習効果である。我々の調査研究では、約二〇%の人に幼児期あるいは学童期に食後の吐き気や下痢などの胃腸障害を経験して嫌いになった食物があることがわかった。ヒトに限らず、実験動物においてもこの学習を獲得させることができる。例えば、ラットにサッカリン溶液を飲ませた後、塩化リチウムという物質を注射し、内臓不快感を伴った体調不全状態にすると、ラットは、翌日以降、サッカリンを嫌がって飲まなくなる。甘いサッカリンを摂取すると体の具合が悪くなることを学習したからであり、サッカリンの甘味を手掛かりとした学習であるから味覚嫌悪学習とよばれている。

味覚嗜好学習　味覚嫌悪学習とは逆であるが、ある食物を摂取したあと具合の悪かった体調が好転したような場合はその物質の味を手がかりにして好んで摂取するようになる。つまり、摂食後に快感を伴うと、そのとき食べたものが好きになりおいしく味わえるのである。これも学習効果であることから、味覚嗜好学習とよぶ。動物はこのような学習を通じて食べていいもの悪いもののレパートリーを増やしていくのである。われわれ、人間の場合は、このような学習がもとになって各人固有の食べ物に対する嗜好性の違いや好き嫌いが生じる場合が多いと考えられる。

《観念的（情報性）》

先入観念や情報操作によっておいしさ・まずさは影響を受ける。明らかな味の違いがあれば話は別であるが、どの銘柄のビール、ジュース、日本茶、ウーロン茶、紅茶がおいしいかといった判断は銘柄間の味の違いが微妙なときほど観念的要因の影響を受けやすい。つまり、消費者がどれを選びどれをおいしいと思うかは上手な宣伝がもっとも有効である。ブランド指向に訴えた情報操作や、情報誌に載ったり、行列のできる店のラーメンがおいしいと思う心理（うわさ、思い込み）も観念的要因によるものである。食行動に及ぼす地域的、文化的、慣習的あるいは宗教的影響なども大きな意味で観念的要因に含めることができよう。

このような観念的要因はヒト以外の動物にはみられない。ヒトのヒトたる由縁は、大脳皮質の連合野の発達にあるわけだから、高次の精神活動の座と考えられる連合野にこの食べ物はおいしいのだという観念が植え込まれることにより、嗜好性やそれに基づく食行動が影響を受けるものと考えられる。つまり、我々の脳は、特に食べ慣れていない食物に対する「微妙な」味やおいしさの違いをすぐには判断できない性質をもっているため、次節で述べる快・不快の中枢は大脳皮質の連合野から大きな影響を受けるのである。

四　おいしさと脳構造

おいしさは脳で感知しうるものである。二節で述べたように、食べ物を咀嚼し、味わうプロセスの中で、口からは種々の感覚の情報が神経を通って脳に送り込まれ、以下に述べるような脳内部位において処理され、おいしい・まずいの判断が下される。味覚について言えば、口の粘膜に存在する味蕾の中の味細胞の膜には五基本味といわれる甘味、塩味、酸味、苦味、うま味に対する受容体があり、それが食物中の各種味物質により刺激されるのである。そして、その情報は味覚神経を介して脳に送られ、脳での統合作用によっておいしさは感知されるのである。味覚情報のみならず、嗅覚や温度や痛みなどの感覚もおいしさ発現に大きく関与する。固形物が唾液によっていかに溶けていくのか、咀嚼とともに味がだんだん強くなるのか、弱まっていくのか、また、飲み込んだあといつまで味が持続するのかといった流動的、時間的な尺度での変化をも我々は感じることができ、それがまたおいしさの評価にも影響を及ぼすのである。

おいしさの発現には、食べ物を口にして数秒以内の短い時間で判断できるものと、至福感、満足感として食後も続くものがある。特に後者は、脳内に遊離される生理活性物質の働きによるものである。

図1は口からの味覚情報が脳の中をどのように流れるのかを模式的にまとめたものである。また、各脳部位の大まかな働きについても示している。大脳皮質の味覚野は前頭弁蓋部から島皮質にかけての部位に存在し、この部にて甘いとか苦いとかの味の質やその強さが識別される。大脳皮質味覚野からの情報は、前頭連合野に運ばれる。この部には味覚以外の感覚情報も合流し、食べ物の認知や快・不快の判断、摂取するか否かの決断などを行う。

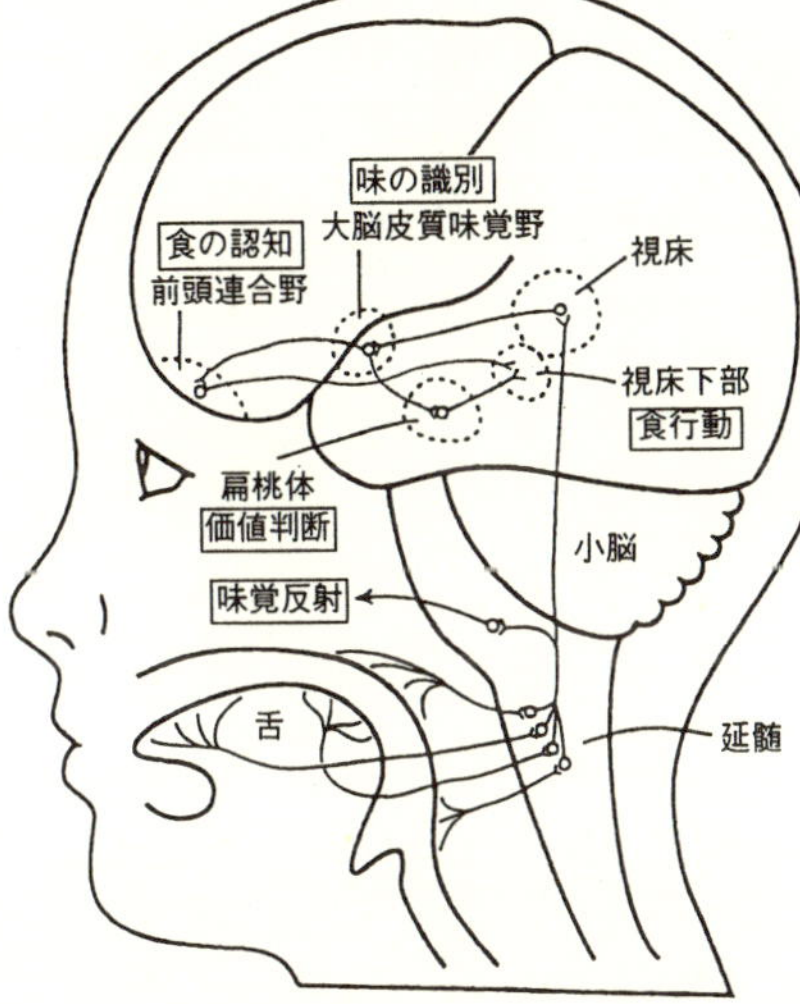

図1　脳内の味覚情報の流れ（山本隆『美味の構造』，講談社，p.135，2001年より）

食物、食品のおいしさは、それを口に入れたときに生じる味、香り、テクスチャー、温度（冷たい、温かい、熱い）などの複合された感覚を総合的に判断した結果生じるものである。しかも、各感覚がどのようなバランスで組み合わさったときにもっともおいしいかということは、過去の食体験を通じて各人それぞれ決まった基準を持っている。各人共通の認識としては、例えば、冷めた味噌汁はおいしくない、湿ったせんべいはおいしくないといったものがあり、個人的に異なった認識としては、ハンバーグは母親の手作りが一番おいしいとか、チーズケーキはA店のが一番おいしいとかいったものである。

以上のことをまとめると、口の中に取り込まれた食べ物は咀嚼中に口腔粘膜や歯根膜の触、圧、痛、温度の受容器、味細胞、嗅粘膜の嗅細胞などを直接刺激し、それぞれ三叉神経、味覚神経、嗅神経を介してその情報は脳に入る。各感覚神経に特有のルートを通って最終的に大脳皮質の体性感覚野、味覚野、嗅覚野に到達しそれぞれの感覚は個別に分析され、冷たくて、すぐにつぶれるが固くて小さいプツプツしたものがあり、甘くて、プーンといい香りがするといったように分析する。各感覚野からの情報は、前頭葉の連合野である眼窩前頭皮質という場所に集められ、統合されて、「ああこれは冷蔵庫で冷やされたいちごだ」というような食べ物の認知をし、「これはおいしい」と判断し、「もう一度食べよう」と決断するのである

《扁桃体》

扁桃体は情動行動発現や情動学習の形成、維持に関係するとともに、体に加えられた刺激に対して快・不快の観点からの価値判断をする部位であるとされている。味覚についていえば、扁桃体は、味の質の分析というよりは、嗜好度（おいしさ）の評価、味覚経験に対応した情動的反応の発現、脳内物質の放出の誘導などに重要である。扁桃体に対する味覚情報は大脳皮質味覚野から送り込まれ、また、扁桃体からの情報は前頭連合野にも送られる。このため、先に述べたように前頭連合野では食べ物に関する感覚情報処理と快・不快の情動性情報が合流した処理がなされるのである。

《視床下部》

味覚情報のゴールともいえるのが視床下部である。視床下部の外側野は食欲増進と摂食亢進を司る摂食中枢、内側部はその逆の働きをする満腹中枢である。また、外側野は副交感神経系を、内側部は交感神経系を興奮させる働きも有する。すなわち、視床下部は食行動とそれに伴う感情表出の実行系なのである。

おいしい・まずいは食欲を大きく左右する。例えば、甘くておいしいデザートなら満腹状態でもペロリと平らげることができることからもわかるように、甘味の神経情報そのものが、視床下部の摂食中枢を刺激するのである。また、視床下部の働きは前頭連合野からも支配されているので、視覚情報による「おいしそうだ」とか「大好物だ」という判断結果が摂食中枢に送られて食欲を引き起こすのである。そして、摂食中枢から分泌されるオレキシンの働き（後述）により胃の運動を活発にして胃内容物を小腸に送り出すとともに摂食行動を促進するのである。

五　おいしさを実感させる脳内物質

食べ物を口に入れたときのおいしさは、それを飲み込んだあとも持続する。食事を終えてもおいしさの余韻は残り、満ち足りた幸せな気分となる。このような気分は、脳内神経活性物質の作用によるものと考えられる。

《ベンゾジアゼピン》

ベンゾジアゼピン誘導体は、脳内の抑制性伝達物質であるGABA（ガンマアミノ酪酸）による抑制性情報を増強し、脳活動はより強力に抑制される。不安症は脳細胞の異常興奮が原因と考えられるので、ベンゾジアゼピンは、その抗不安作用や静穏作用のために臨床的に広く用いられている。

一方でベンゾジアゼピン類には摂食促進効果のあることも知られている。当初、この効果は、抗不安作用や静穏作用の二次的作用だと考えられたが、その後の行動薬理学的研究から、おいしさそのものを特異的に増強することによることが明らかになった。実際、ベンゾジアゼピン投与による摂取量の促進は、クッキーや甘味をつけた飼料、サッカリン水など、本来動物が好む飲食物に対して選択的に生じ、通常の飼料や水を与えた場合には、摂取量の促進は見られない。前記のようなベンゾジアゼピンによる鎮静効果とおいしさ増強効果は、「おいしさは静的な喜びである」という事実を説明するものであろう。

《麻薬様物質》

アヘンやモルヒネなどの麻薬には、鎮痛作用や陶酔作用のほかに、摂食を促進する作用もある。このため麻薬を投与すると、多くの動物種において摂食量が増加する。しかも、その効果は動物が本来好む味を有する食べ物や飲み物に選択的に生じる。

そもそも言語を持たない動物でおいしさの研究をすることはとても困難である。しかし、ラットの口の中に甘くておいしいショ糖溶液を入れると口をリズミカルに動かしたり、舌を突き出したり、手で顔をこするなどの行動が生じ、苦くてまずいキニーネ溶液を入れると、口を大きくあけたり、あごを床にこすりつけたり、手をブルブルと左右に細かく動かすといった特徴的な行動が生じる。そこで、このような「味覚性運動反応」を観察すればラットがおいしいと思っているのかまずいと思っているのかを判断する手掛かりになると考えられる。このようなテストを用いた研究から、麻薬による摂取行動の促進は、「おいしさ」の増強に起因する可能性の高いことが分かってきた。我々の実験でも、ラットにモルヒネを全身投与するとショ糖の摂取量は増加したが苦くてまずいキニーネの摂取量は変化しなかった。すなわち、おいしい味の摂取量だけが増加したのである。

脳内にはモルヒネは存在しない。脳にはモルヒネに似た物質（麻薬様物質）としてβ-エンドルフィンが存在する。ラットに各種の味溶液を摂取させたあとで脳脊髄液や血中のβ-エンドルフィン量を測定すると、ラットのもっとも好むショ糖やサッカリンを摂取したときに最大値を示した。ショ糖を嫌いにする学習を獲得させたあと、ラットにショ糖を与えるとβ-エンドルフィンは遊離されなかった。この学習はすでに述べたように味覚嫌悪学習といわれるもので、ショ糖をなめたあとで不快な気分にさせる薬を注射すると獲得され、「甘くておいしい」と思っていたショ糖を「甘いからいやだ」と思わせる学習である。このような知見は、「甘い」という神経情報でβ-エンドルフィン量が増えるのではなく、「おいしい」という情報と連動するものであることを示している。

《その他の物質》

おいしさに関与する脳内物質としては、セロトニンやアナンダミドなども候補としてあげられる。アナンダミドはマリファナと同じ仲間の物質で、いくつかの点で麻薬様物質とも類似の働きをすることが知られている。このように、おいしさやまずさの情動発現には既知あるいは未知の物質が関与するものと思われる。

《ＤＢＩ》

まずくていやだなと思ったときに脳内に放出される物質の候補にジアゼパム・バインディング・インヒビター(DBI)がある。ＤＢＩは、うつ病やアルコール依存症との関係から多くの研究がなされているが、味覚の嫌悪感に関係するという報告はこれまでなかった。しかし、最近の我々の研究により、実際にこのＤＢＩをマウスの脳室内に投与すると、ショ糖の摂取量が有意に減少し、味覚性運動反応テストからも嫌悪性行動を示すことが示された。この効果は、キニーネを嫌がっているラットから採取した脳脊髄液をマウスの脳室内に投与したときに得られた結果と類似していた。まずい味だなと思っている動物の脳の中にはＤＢＩが放出されていることが強く示唆されたのである。ＤＢＩはベンゾジアゼピンとは逆の作用を示すことが知られている。すなわち、おいしさに関与するベンゾジアゼピンと逆の作用を持つＤＢＩがまずさに関与する物質として同定されたのである。

六　おいしさを求めさせる脳内物質

おいしいと実感したあとは、そのおいしさをさらに期待してもっと食べたいという前向きの気持ちになる。このとき働く脳の回路を「報酬系」という。この報酬系の発見につながる実験が一九五四年アメリカの心理学者オールズとミルナーによってなされた。これは自己刺激といわれる実験で、ラットがレバーを押すたびに脳内にパルス状の電気刺激が与えられるようにしておくと、刺激電極の部位によっては、ラットが一時間に五〇〇〇回もの頻度で二四時間ぶっ通しでレバーを押し、疲労困憊に陥ったという記録もある。

さて、このときラットはどんな気持ちでレバーを押しているのだろうか？　少なくとも嫌な不快な感じはしていないだろう。むしろ、快感が生じるのであって、その快感（報酬）を求めて盛んにレバーを押すのではないかと考えられる。従って、このような自己刺激部位は「快中枢」とも呼ばれるのである。その後、多くの人が研究を進めたところ、中脳の「腹側被蓋野」というところに細胞を持ち、前脳の側坐核や前頭葉皮質に情報を送るドーパミン神経経路を刺激すれば自己刺激行動が盛んに生じることが示され、ドーパミン（DA）という物質が快感に関与するという概念が生まれた。そして現在ではこのような神経路のことを報酬系とよんでいる。

図2に示すように、報酬系は腹側被蓋野を起点とし、側坐核、腹側淡蒼球から視床下部外側野に至る経路である。中脳腹側被蓋野は、脚橋被蓋核からも入力を受け、前頭部へも広く出力する。側坐核へは、大脳皮質味覚野の存在する島皮質からも入力を受ける。また、報酬系には抑制性神経伝達物質であるガンマアミノ酪酸（ＧＡＢＡ）を含む神経線維も混在している。

すでに述べたように、ドーパミン系を電気刺激すると動物はその刺激を求めて盛んにレバー押しをする。このとき快感を生じているのだろうというのがもっとも素直で単純な考え方である。しかし、もう一つ別の有力な考え方がある。それは快感に手の届く一歩手前の状態を生じさせているのだというものである。あたかも馬の前にぶら下げた人参のようなもので、人参を求めて走ってもいつも鼻先

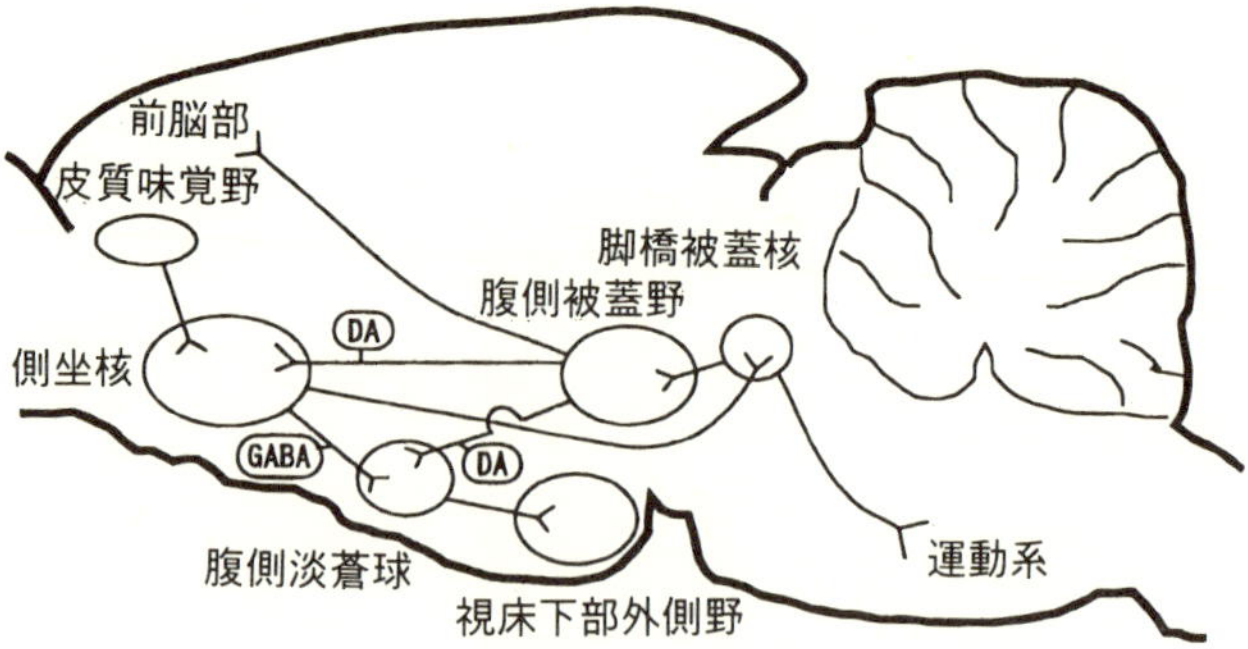

図2　脳内報酬系の模式図（ラット）
（山本隆ら，「日本味と匂学会」誌，10(2)，p.218，2003年より）

の一定の距離にある人参が口に入らない状態、すなわち、手に入りそうで入らない欲求不満の状態である。ドーパミン系は報酬が獲得できるまでそれに向かって欲求行動をとらせると考えられるのである。ラットが自己刺激を求めてレバー押しをしている場面を観察すると、楽しんで喜んでレバーを押しているという状態ではない。何かに取りつかれたように、一心不乱にレバー押しを繰り返す様には不気味さを感じる。

といったわけで、近年、ドーパミンはおいしさそのものよりも、報酬を得ようとする欲求や期待に関係すると考えられている。例えば、腹側被蓋野の九五％以上のドーパミン細胞を破壊したラットの口の中に、甘い砂糖水や苦いキニーネ溶液を入れて、先に述べた「味覚性運動反応」のテストによって、おいしさ、まずさの指標となる口やあごの動きを分析すると、正常な動物と変らぬ反応性を示すのである。

つまり、ラットが自主的に摂取行動をするときにはドーパミン系（つまり報酬系）が関与するが、受動的に口の中に入れられたときにはこの系は関与しないといえる。積極的にそれが「欲しい」と思い、摂取行動を誘発するときにドーパミンが働くのである。

以上のことをまとめると、「おいしい」と認知されると、もっと「欲しい」という欲求が生じ、摂取行動を駆り立てる。ベンゾジアゼピンやオピオイドは「おいしさ」を認知する過程に関与し、ドーパミンは欲求機構に関与しているのである。

七　おいしいものをもっと食べさせる脳内物質

おいしいものなら食が進み、大好物なら満腹でも食べることができる。すなわち、おいしさのあとには摂食が促進されるのであるが、同時に消化管も活発に働いている。

摂食促進物質の一つで、視床下部外側野のニューロンが分泌するオレキシンはおいしい食べ物をより多く摂取させる脳内物質の一つである。オレキシンにより摂食、飲水が亢進するということは、消化管活動の亢進が付随している可能性がある。事実、オレキシンを麻酔下ラットの側脳室内に投与すると、数分後には、胃の近心側での「受け入れ弛緩」、遠心側での律動的収縮が観察される。つまり、胃の食道側の筋肉はゆるんで食べ物を受け入れ、十二指腸側の筋肉は蠕動運動を活発に行って内容物を小腸に送り込むのである。おいしいものを口にした時は、視床下部外側野に味覚情報が送り込まれ、オレキシンが遊離し、摂食行動が誘発され、消化管も活発に活動して積極的に食が進むのである。

我々は、このことを直接確かめるため、ラットに異なる味のエサを一定量摂取させ、一五〇分後の胃内食物残留量を測定した。その結果、蒸留水で作成したエサに比べて、甘く味つけをしたエサの残留量は少なく、苦いエサの残留量は多いことがわかった。すなわち、甘いエサを摂取すると胃が活発に動いて小腸への排出量が促進されることが示された。エサを直接胃に投与すると味の異なるエサの間で胃内残存量に差は認められなかった。このような知見は、味覚情報を介して、甘くておいしい食べ物は胃を活発に働かせるが、苦くてまずい食べ物は胃の活動を抑えることを示すものである。

八　ごちそうさまのしくみ

おいしかった食事もいずれ停止し、ごちそうさまということになる。ああお腹がいっぱいという胃の膨満感が摂食停止のひとつの要因であるが、もっとも大きな生理的しくみとしては、食事が進むにつれて小腸から吸収されたブドウ糖が血中に入り（これを血糖という）一定のレベルを超えると、脳の摂食中枢の細胞が抑制され食欲が低下し、満腹中枢の細胞が興奮することによって満腹感が生じるということである。逆に、血糖値が低下すると空腹感とともに何かを食べたいという食欲が生じる。つまり、脳の満腹中枢や摂食中枢を直接コントロールする血液中のブドウ糖量が食べるか食べないかを決定するもっとも大きな要因なのである。しかし、ヒトの場合、両中枢は大脳皮質の前頭連合野などの高次の中枢からも影響を受けるので、血糖値が低くても食欲がわかないとか、血糖値が上昇しているのにまだ食べてしまうなどの、拒食、過食、別腹といった食行動が生じる。

ブドウ糖は体外から摂取する必要のある物質である。運動後や育ち盛りの子供は、このエネルギー源であるブドウ糖（一般的には甘いもの）を欲しがり、しかもとてもおいしい。エネルギー不足時のブドウ糖摂取は大きな快感をもたらすが、それは単に味としてのおいしさだけではなく、雨不足で干からびた大地に大粒の雨がしみ込んでいくような体全体にしみわたる快感である。

　このようにブドウ糖は体外から取り込む摂食抑制物質であるが、摂食の抑制に関する脳内物質もいくつか知られている。その代表的なものにインスリンとレプチンがある。インスリンは血糖値が上昇すると膵臓から分泌されるホルモンで、血糖値を下げる働きがある。一方で、満腹中枢に働きかけて摂食を抑えたり、白色脂肪細胞に作用してレプチンというホルモンを分泌させる。レプチンは血中に入り脳に到達すると摂食中枢の細胞活動を強く抑える作用があるので、摂食は抑制される。

　以上のようなしくみで、摂食により血糖値が上昇すると、満腹感とともに摂食はストップし、食欲はなくなるはずである。事実、満腹した動物は好物を目の前に出されても、見向きもしないか、自分の隠し場所に持っていき空腹になったとき食べるのである。身動きもできないほど太ったライオンやキリンなどを見たことはない。人の場合、他の動物に比べて大いに発達している前頭連合野の働きが本能の行為をコントロールしてしまうところに問題がある。要するに、おいしさの誘惑に弱いのである。

九　おいしさの表出

　おいしく味わうときには顔面表情、しぐさ、発言などに共通するものがある。最初の一口をゆっくり口に含み、咀嚼を始めれば数秒後には、まず目を輝かせ、うなずき、にっこりほほ笑みを浮かべ、さらには、目を細めたり、閉じたり、そして「おいしい」「しあわせ」といったことばを発するといった具合である。覚醒したり、鎮静化したり、喜んだり、うっとりしたりと多様な生体反応が生じていることが推察できる。

まず、おいしさの心理的側面について述べておかねばならない。たとえば、奈良公園で親と遊ぶ子鹿を見たときを考えてみよう。青い芝、ゆったりとした弧を描く若草山を背景にたわむれる子鹿のふるまいは視覚情報としての「感覚認知」であり、それを見てかわいいなと思えば、それは「感情」である。そして、思わず「わぁかわいい」と目を輝かせながら叫んだり、カメラを取り出して写真を撮ろうとすることは「行動発現」である。行動発現には、身体行動として客観的にわかる体の運動（言語表現も含む）と心拍数、血圧、呼吸、発汗などの自律神経（交感神経、副交感神経）の活動がある。「感情」と「行動発現」を合わせて「情動」という。情動は大きく快情動と不快情動に分けられる。

一般的な情動として、喜、怒、哀、楽がある。快情動としての喜は思わずばんざいをして喜ぶ行動を伴い、このときは交感神経が活動している。不快情動としての怒のときは、怒りのあまり声を荒げて血圧が上昇（つまり、交感神経が興奮）する。

不快情動としての哀は、哀しくて泣きじゃくるがこのときは副交感神経が活動する。そして、快情動としての楽は、楽しくてうきうきして思わず笑顔を示し、このときも副交感神経の緊張状態である。

「感性」という言葉があり、近年よく使われる。学問的にきっちりとした定義はないようだが、私は、感覚認知と感情そして行動発現の総和と考えている。「感性を磨く」という表現をすることがあるが、このことは知・情・意のすべての機能、つまり人間性そのものを向上させることにつながることを意味する。

食物は複雑な物理的、化学的性状を備えていて、まず匂いの感覚が生じるとともに、口にしたときは、食感としてのテクスチャー、温度感覚、そして味覚などの感覚が生じる。それら感覚情報の分析の結果、快と判断されればおいしいと感じて、主として副交感神経優位の活動状態となり摂食行動が誘発される。逆に不快と判断されれば、まずいと感じて嫌悪感、イライラ感、つまり交感神経緊張状態になる。おいしさ・まずさの生体反応のいくつかは、このような自律神経系の活動の結果として生じるのである。感性とは、無意識的に生じるこのような体の生理的反応だけではなく、これに人間としての理性的な働きである言語的表現により相手に伝えることができて初めて完璧なものとなる。

《運動系反射》

すでに述べたように、おいしく食べているときは、目を輝かせ、顔がほころび、にっこりする。そして、うなずき、目を細めたり、閉じたり、うっとりした表情になり、「おいしい」とか「幸せ」とかの言葉を発する。

ウサギやイヌなどの動物でも、おいしいものを食べたとき、基本的には我々と同じ快の情動が発現するものと思われるが、顔面表情も言語も我々ほど発達していないので外見上からはほとんど分からない。しかし、黙々と一心に食べるところは人間と同じである。

ヒトの新生児の口腔内に各種の味溶液を少量与えて、顔面表情の変化を観測すると、甘くておいしい溶液に対してはにこやかな表情を、すっぱくてまずい溶液に対してはしかめ面を示す。先天的に大脳機能が不全な障害児でも同様の反応がみられることから、味刺激に対する特有の顔面表情は生得的であり、しかも上位脳の関与がなくても生じる反射活動であると考えられている。

《自律神経活動》

おいしいと感じているかどうかを生理指標を用いて客観的に計測することは容易ではない。おいしいと思うときは、静的な喜びを味わっているときであり、摂食行動の誘発に連動するわけであるから、副交感神経が優位に働いている状態である。従って、おいしいときは副交感神経性の生体反応が生じるはずである。しかし、逆に副交感神経が活発に働いたからといって、必ずしもおいしいとは限らない。つまり、副交感神経そのものはおいしいときにのみ活動するわけではないからである。自律神経の活動状態は、血圧、心拍数、発汗量、指尖脈波などの生理指標をもとに判断することができる。簡便に自律神経の活動を計るには次の二つの方法がある。

指尖脈波　手の指にセンサーを置き、血管を流れる血液の動態を脈波として簡便に測ることができる。この方法は、自律神経の活動を末梢血管の拡張、収縮の状態として捕らえようとするものである。

心拍数　心拍数は副交感神経の活動で減少し、交感神経の活動で増加する。従って、心拍数を計測することで自律神経の活動状態を推定することができる。心拍数の分析から、一般においしいときは副交感神経が、まずいときは交感神経が活動することが知られている。

《おいしさの表現》

味やおいしさを言語的に表現する脳のしくみは残念ながらよく分かっていない。おいしさは情動的なものであり、言語的表現は理性的なものであることを考えれば、おいしさは右の大脳皮質（いわゆる右脳）の働きであり、言語的表現は左の大脳皮質（左脳）の働きと考えられる。すなわち、現在の脳科学で明らかにされていることであるが、右脳は感性や芸術の脳ともいわれ、美的感覚や物体の直観的認知の働きをするのに対して、左脳は計算や論理的思考、言語機能を司るのである（図3参照）。

大脳皮質味覚野の大きさは、右脳に比べて左脳は小さいという報告がある。味覚野の前方には言語野があるのだが、言語野は圧倒的に左脳で大きいために、圧迫されて小さくなってしまっているのだろうと考えられている。従って、味覚の情報処理を考えれば、右脳が優位となるため、味覚は情動的要素の大きい感覚だといえよう。

情動の中枢は、しかし、もっと下位の脳として知られる扁桃体や帯状回という場所で、味の情報はこのような部位をも強く刺激することが知られている。

もうひとつ忘れてならないのは、味覚の情報は前頭葉の連合野（他の動物と異なりヒトでよく発達している大脳皮質の領野）にも送られることである。そして、ここには、すでに述べたように味覚以外の感覚である触覚、温度覚、嗅覚、視覚、聴覚、内臓感覚などすべてが入り込んできて、各情報が統合される。食べ物の認知や嗜好性の判断にも関わるとされている。従って、この部位で処理された情報が言語野に送られて言語的表現に変換されるものと考えられる。

言語的表現は自己本位であってはあまり面白味がない。この酸味は「東京タワーというよりはエッフェル塔の先端のような鋭さがある」とか、この一品は「ミラノのドゥオモを目前にしたときのあのきらびやかで圧倒的な迫力を感じる」などと言われても、それぞれの対象物を知らない者には想像すらできない。表現はあくまでそれを聞いたヒトが共通の感情を抱くもの、つまり、相手に伝わるものでなくてはならない。

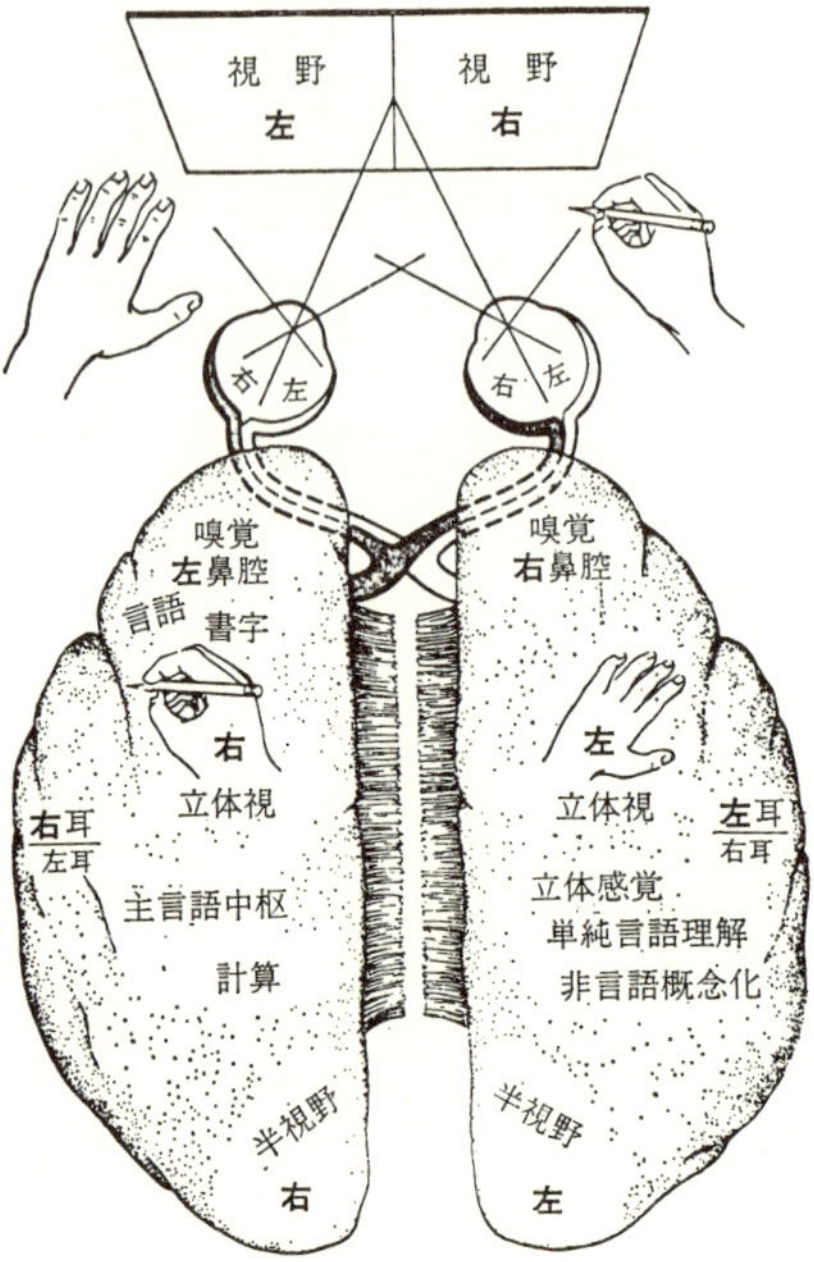

図3　左と右の大脳皮質の働きの違い（エックルス『脳と宇宙への冒険』，海鳴社，p.300，1984年より）

このように考えると、本来「あぁおいしい」とか「これはまずい」と言っているはずのものを言語的に表現しようとすることは人間の知性に関わることである。右脳の味の情報は左脳に送られ、左脳の理性の働きで言語的表現に置き換えられる。このとき動員されるのは味わったときの味覚以外の感覚と、過去の記憶に照らしてそのおいしさ（快情動）と類似の快感を引き起こしたときの経験であり、そのときの感覚である。過去の豊かな食経験も大切である。そして、表現技術としては、その人の言語能力に大きく依存する。

味やおいしさを言い表すのは知的なゲームといっても過言ではない。その人の人間としての経験の豊富さ、知的才能とその鍛練、品格などすべてにかかわるのである。ひと言で言えば、おいしさを上手に伝えることのできる人は深みのある人である。「味はどこまで表現できるか」は、すべての人に等しく可能なのではなく、その人となりにかかわるのである。

十　おわりに

味覚と嗅覚はともに外界の化学物質に対して生じる感覚なので、両者をあわせて化学感覚とよぶ。化学感覚は視覚、聴覚、触覚などと異なり、感情や情動に訴える作用が強いのに対して、後者の感覚群は識別性、判別性の要素が強い。従って、化学感覚を主情的感覚とか原始的感覚（protopathic sensation）とよび、視覚、聴覚、触覚などを判別性感覚（epicritic sensation）とよぶ人もいる。

おいしいということは、快情動であるが、金メダルをとったオリンピックの選手が示す爆発的な激しい喜びの表出とは正反対で、おいしいときはむしろしんみりしたうっとりと感じ入る喜びである。食行動の長い進化の過程を考えれば、おいしいと思って食べ、まずいと思って避けるのが自然の行動で、他人にそれがいかにおいしいかを伝える必然性がなかったものと思われる。視覚や聴覚などは、やはり進化の過程を考えれば、相手（敵）の存在を認知し、その実体を仲間に知らせるという重要な役割を担っていた。では、おいしいものを見付けたときは、仲間に知らせなくてよかったのだろうか？　想像ではあるが、食べ物の種類がそれ程多くなかったであろうから集団行動の動物は揃って同じものを食べたに違いない。また、昔は飢餓の時代だったといわれている。このような時代を生き抜いてきた我々の先祖は、たとえおいしい食物に巡り合っても他者に知らせるどころか、むしろ、黙って秘密にしていた可能性すらある。

このように、そもそもおいしく味わうことは自分の世界で一人悦に入る性格のものであるなら、ことばで伝える必然性がない。しかし、今日の飽食の時代、豊富な食材、食物、料理を自分の選択で味わうことができ、マスコミ、マスメディア、あるいは個人的にもいかにおいしいかを語って人にも勧める必要性が出てくるとともに、いかにその味を、そのおいしさをことばで表現し伝えるのかに関心が集ってきた。おいしいということばを使わずにおいしいことを言い表すということは、もう知的なことばの遊びともいえる。

しかし、大脳皮質の発達した人間のことだから挑戦は可能である。おいしさは各種感覚の集合体の結果として生じたものだから、その要素に立ち返ってそれぞれの感覚にバラバラに分解し、個別に評価して、自己の持つ知識と想像力をもとにしてボキャブラリーを駆使して表現することである。これはトレーニングをつめば誰にでもそこそこはできるものであって、シトーウィックが彼の著書『共感覚者の驚くべき日常』（山下篤子訳、草思社、二〇〇二）で記載しているのだが、「ミントを食べると円柱を感じた」とか「このチキンは、とがった形に味付けるつもりだったのに、丸くなってしまった」と表現するマイケルのような五感が入り交じる特異な「共感覚者」とは異なるものであり、一線を画す必要がある。

このように考えると、思慮深い知的な人であればおいしいものを食べて「あぁおいしい」に終らずに、どうおいしいのかを表現できるはずである。本書の他の章では、それがどのように具体化されるのか、そのプロセスがどのように展開されるのか、といった結果がまとめられている。

フランス人美食家ブリア・サヴァランは『美味礼賛』（関根秀雄訳、白水社、一九六三）という古典的な名著の中で、「君はどんなものを食べているか言ってみたまえ。君がどんな人であるかを言いあててみせよう」と述べている。最後にあたり、「君はこのおいしさをどう表現するか言ってみたまえ。君がどんな感性と知性をもつ人であるか言いあててみせよう」ということばでしめくくりたく思う。

三の皿　心で味わう　味覚表現を支える認知のしくみ

そしてまもなく私は、うっとうしかった一日とあすも陰気な日であろうという見通しにうちひしがれて、機械的に、一さじの紅茶、私がマドレーヌの一きれを柔らかく溶かしておいた紅茶を、唇にもっていった。しかし、お菓子のかけらのまじった一口の紅茶が、口蓋にふれた瞬間に、私は身震いした。　プルースト『失われた時を求めて』（井上究一郎訳）

一　味を認知するしくみ

私たちは、味を心で味わっている。それでは、食べ物や飲み物の味はどのように心に届くのだろうか。私たちは、様々な感覚器官を通して食べ物や飲み物の情報を取り入れている。図1に示すように、口に入れた食べ物や飲み物は、舌の味蕾からは味（味覚）、皮膚からは感触（圧覚、痛覚、温冷覚）、鼻（嗅覚）からは匂いを感じている。さらに、食べ物を口に入れる前には、目（視覚）からは食べ物の色や形、食器、食卓、同席する人たちなどの周囲の環境情報を取り入れている。そして、食べた後には、胃の充足感（内臓感覚）を感じている。たとえば、マドレーヌを食べるときには、「帆立貝のほそいみぞのついた貝殻の型に入れられたように見える、あの小作りでまるくふとった」菓子が目に

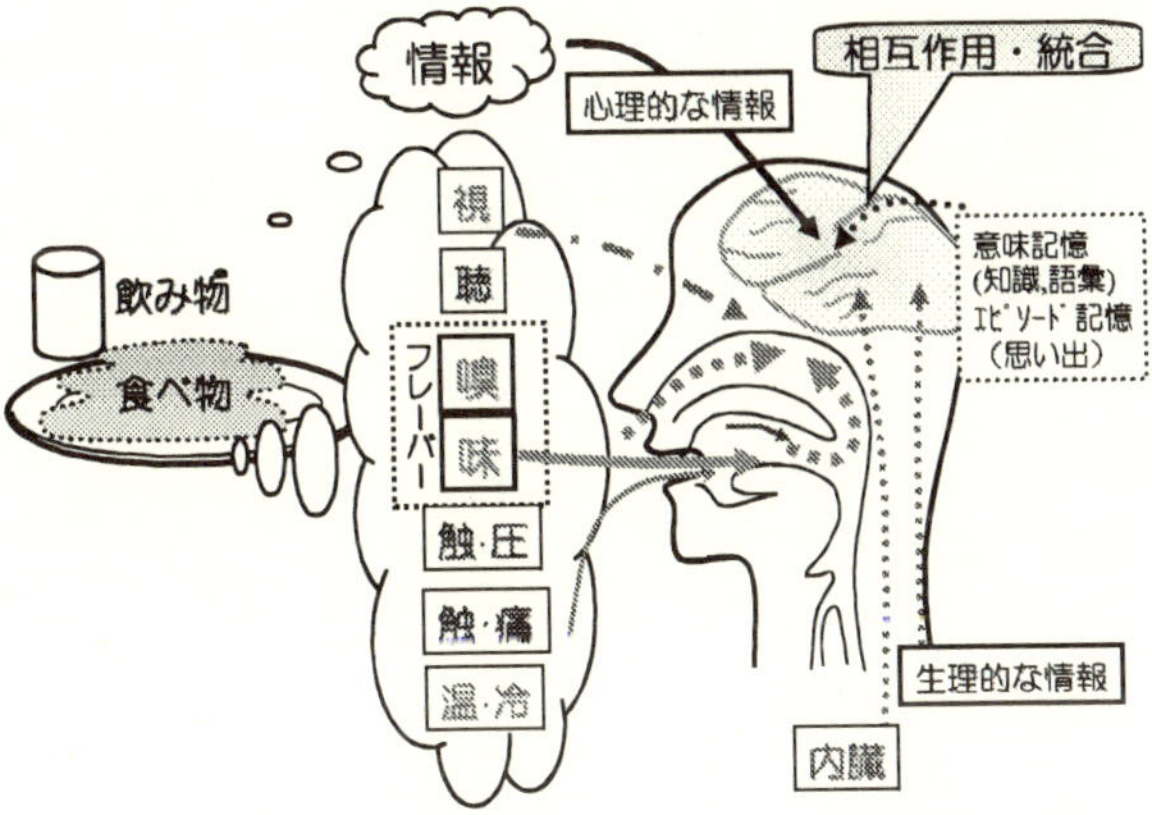

図１　味を感じる心理的メカニズム（河合、2004を一部改変）

入り、その一切れを紅茶に溶かせば、耳からはかすかな音、そして、鼻からはかすかな匂いを感じ、口にいれることによって、味と食感、そしてのどを通り、胃に入ると充足感を感じる。さらに、感覚器官だけでなく、血液中の糖や脂肪酸の濃度などの（意識はできない）生理的情報や、過去の記憶（マドレーヌを食べた経験）や食べ物に関する知識や情報、さらにその時の感情や気分も味に影響を与えている。つまり、同じ食べ物でも食べる人によって、食べる時によって、その味は異なってくる。味は主観的で、状況に依存した経験である。したがって、私たちが「こころ」として考えている気分、感情、記憶、意志といったものの影響を強く受けている。

こうした味の経験を人に伝えたり、記憶したりする時には、ことばが重要な役割を果たしている。食べ物の外観などの視覚情報は写真やビデオで忠実に録画ができ、伝達できる。一方、発話などの聴覚情報は録音ができる。メロディの記録には楽譜、発話の記録には文字があるため、伝達や記憶は容易である。また、色や光、音、重さなどは、物理的刺激として厳密に測定ができる。一方、味覚、嗅覚の情報は、そのままの形で、コミュニケーションすることができない。また記録装置や記録方法がないため、感覚形容語や比喩を用いた言語で表現して、伝達し、記録するほかはない。そこで、「味はことばでどこまで表現できるか」が大事な問題となる。

ここで、味の感覚経験を言語で表現したり、逆に、言語表現から感覚経験を理解したりする際には、感覚経験を表す形容語が大きな役割を担っている。しかし、各感覚に固有の形容語の数は、感覚経験の多様さに比べるとあまりにも少ない。そこで、味覚経験を言語で表現する際に、他の感覚の形容語を転用する共感覚的表現（例：柔らかい味）や比喩表現（例：〇〇のような味）が必要となる。

こうした味覚をことばで表すことを支えている認知のしくみは、過去の経験を蓄積した記憶である。私たちは、ある国と地域の食文化における家庭と社会のなかで生育する過程において、いろいろな食べ物や飲み物と出会い、味の経験を積み重ねている。こうした味の経験は、いつどこで経験したかというエピソード記憶として頭の中に蓄えられる（たとえば、叔母がマドレーヌをお茶にひたして勧めてくれたこと）。同時に、どのような食べ物や飲み物がどのような味を持つかという百科事典的知識を、その味を表現する語彙的知識とともに、知識（意味記憶）として蓄えていく。ここで、味の評価が主観的で個人差があるのは、過去の味に関わる経験が大きな役割を果たしているためである。冒頭にあげたプルーストの有名な例は、マドレーヌの味やにおいが手がかりとなって、過去のエピソード記憶が徐々に感情とともに再生されることを示している。とくに、味やにおいが、感情をともなうエピソード記憶を思い出す手がかりになることをプルースト効果と呼ぶことがある。

そこで、本章では、味をどのように言語で表現するのか、とくに、共感覚的表現を支えている認知構造、すなわち意味の判断のプロセスや知識の仕組みに焦点をしぼってみていこう。

まず心理学において研究対象になっている共感覚を、三つのレベルで考える。第一のレベルは、狭義の共感覚現象であり、感覚経験が入力系の感覚様相とは異なる様相《モダリティ》において生じる現象である。感覚様相とは、感覚の種類（五感、内臓感覚など）を指す。たとえば、舌を通して感じる味の感覚と、耳を通して感じる音の感覚は異なる。すなわち、味覚と聴覚は様相が異なる。しかし、共感覚では、たとえば、音を聞くと色が見える現象（色聴）が起こる。シトーウィックの『共感覚者の驚くべき日常』では、味を感じたときに視覚像が見える共感覚者の例を報告している。共感覚者マイケルは、食べ物を食べたりにおいをかいだりすると、幾何学的な形を手などで感じたり見たりした。マイケルは、料理をしながら味見をすると、形を感じることができ、砂糖は形を「丸く」し、柑橘類は食べ物に「尖り」をつけると（比喩ではなく）報告している。味の「丸い」「尖り」は、共感覚経験をもたない人の共感覚的比喩表現と共通はしているが、鮮明な身体的感覚を持つ点で異なっている。なお、詩人のランボーや宮沢賢治、作曲家のリストは共感覚をもっていたといわれている。しかし、これは作品から推測されることであって、実際に共感覚をもっていたかはわからない。いずれにせよ、色聴のような明瞭な共感覚が生じる人は限られている。その出現比率のデータは最も多い見積もりでも二〇〇〇人中一人である（ラマチャドラン、ハバート、二〇〇三）。

第二のレベルは、通様相性《インターモダリティ》現象であり、感覚様相の性質や次元が様相を越えて共通にみられる現象である。たとえば、「大きい―小さい、強い―弱い、重い―軽い」などは、視覚、聴覚、触覚などに共通する性質、次元である。さらに、普通の人でも、音の高さと色の明るさを対応させる実験（交差様相照合課題）をさせると高い音と明るい色、低い音と暗い色を対応させることができる。こうしたことから、通様相現象は、（厳密な意味での共感覚ではないが）誰でも経験できる共感覚的現象と位置づけることができる。

第三のレベルは、この章で主に取り上げる共感覚的比喩である。ここでは、主題である感覚経験（たとえば、味覚）とそれを表現する形容語が異なる感覚様相（たとえば、聴覚）に属する表現を共感覚的比喩（たとえば、うるさい味）と呼ぶ。ただし、これはあくまでも比喩であって、疑似共感覚（pseudosynaesthesia）であることに注意する必要がある（Baron-Cohen & Harrison, 2003）。しかし、共感覚的比喩も、第一と第二のレベルの心理的経験に依拠していると考えれば、共感覚現象はふつうの人でもレベルの差こそあれ、経験し理解できる現象として位置づけることができる。しかし、共感覚的比喩がすべて共感覚現象に依拠するのではなく、メトニミー（換喩）や連想と区別することの必要性が提唱されている（小森、一九九三ほか、武藤、二〇〇三）。この点については、五節で再検討することにして、まず共感覚的比喩について、言語学における研究から見ていこう。

二　共感覚的比喩の言語学的分析

共感覚的比喩に関しては、言語学者による通時（歴史）的あるいは共時的分析が、言語資料（辞書、文学作品など）に基づいておこなわれてきた。

ウィリアムズ（Williams）は一九七六年の「共感覚形容詞」という有名な論文の中で、感覚形容詞の

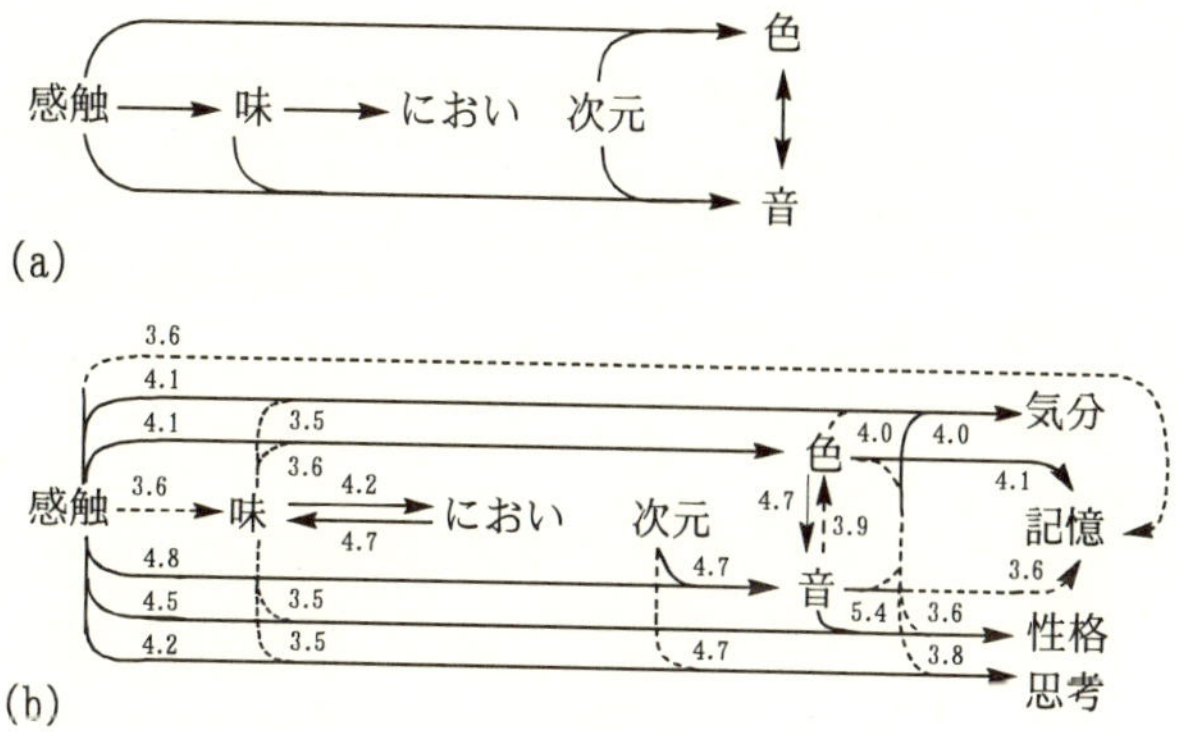

図2　感覚形容語転用の方向性（楠見，1988b）
(a) Williams（1976）による通時的方向性
(b) 楠見（1988a）による共時的方向性
（表2に基づいて作成．評定4以上を実線，3.5以上を点線で示した）

辞書記述（OED, MED, Webster）に基づいて、ある感覚様相の形容詞が他の様相の表現に転用される通時的な変化を調べた。そして、図2(a)のように、触覚や味覚固有の形容詞が時代を経るにしたがって、聴覚や視覚に転用されることを示した（たとえば sour についての辞書記述を見ると、一三〇〇年には味だけ、一三四〇年にはにおいについての記述が加わり、現代のウェブスター三版には、音についての記述も含まれている）。ただし、単なる一方向ではなく、においからは他の感覚への転用はなく、色と音の形容詞は相互に転用可能である点（dark, loud など）、また、視覚的な次元形容詞（high-low, big-small など）を設定し、色や音への転用を示している点に、留意しておくことが必要である。

また、ウルマンは一九五九年の『意味論』の中で、キーツ、ゴーティエ、バイロンなど十一人の一九世紀の詩を資料として、感覚形容語の様相間の転用方向を分析した。その結果、表1のキーツの用例のように、(a)触覚形容語は他の様相の感覚経験を表現する際に用

表1　キーツの詩における共感覚比喩頻度
（Ullamn, 1959を一部改変）

	目的点					
形容語	触覚	味	におい	音	視覚	計
触覚	-	0	3	44	25	72
味覚	2	-	1	17	16	36
嗅覚	2	1	-	2	5	10
聴覚	0	0	0	-	12	12
視覚	8	1	0	31	-	40
計	12	2	4	94	58	170

註：ウルマンは触覚と熱を分けているが，彼自身も両者が密接に関連していると述べている．表2との比較のために，両者は一緒にして「触覚」とした．

いられていること（warm color など）、(b)視覚や聴覚経験は、触覚や味覚形容語を用いて表現される（sweet sound など）という方向性を見いだしている。表1は、触覚、味覚、嗅覚、聴覚、視覚という順序で並べられている。これは、（刺激と受容器が接している）近感覚から、（離れている）遠感覚、あるいは進化的に低次の感覚から高次の感覚に並んでいる。表1の上三角行列（対角線より右上）の低次感覚から高次感覚への転用の用例数（一二五）は、下三角行列（対角線より左下）の高次感覚から低次感覚への用例数（四五）よりもはるかに多い。このことは、低次感覚から高次感覚への方向性がより強いことを示している。また、ゴーティエの用例においても同様の結果が得られている。ウルマン（一九五九）のデータについては、村田（一九八九）が再分析をおこない、反対方向の用例はあるものの、触覚に基づく共感覚的表現が最も多く使用されていることを統計的に示した。そして、用例の収集だけでなく、人工的に組み合わせた共感覚的表現に対して、質問紙評定を用いることによる心理的実在性の検証の必要性を指摘している。ウィリアムズの仮説は、彼自身が広辞苑の辞書記述を用いて、九一％が合致することを示し、さらに、山梨（一九八八）が日本語用例に基づいて検討している。一方、本書と関連する『ことばは味を超える』の中では、共感覚的表現における共感覚（貸し手）から原感覚（借り手）へのつぎの方向性がみられるという仮説を一方向性仮説と名づけ再検討をおこなっている。

〔触覚→味覚→嗅覚〕→〔視覚→聴覚〕

そこでは、インターネット上の検索エンジンのグーグル（Google）による用例の頻度調査などに基づいて反証例を挙げて、一方向性の仮説に疑問を呈している。こうした検索エンジンによる調査は、従来は発見が難しかった少数例を効率的に収集できる。こうした反面、この新しい手法には、次に述べるようないくつか考えなければならない問題がある。

第一の問題点は、用例がある（ゼロでない）ことが、多くの人における理解可能性を示すのかの判断が難しい点である。ホームページの用例は、辞書さらに、文学作品に比べても革新的であり、一般に理解可能であるかは保証しない。一方、用例がない（ゼロである）ことが、理解不能性を示すのか、理解可能性があるにもかかわらず、用例がないのかの区別は難しい。したがって、多くの被験者を用いた理解可能性評定とあわせて検討することが必要である。また、検索エンジンによる用例には、特定文脈においてのみ理解可能で、文脈なしではふつうは理解できない特殊な用例も含まれる。たとえば、「赤い味」などは、食べ物の赤い色という状況や文脈があって初めて理解可能である。また、用例をカウントする際に留意すればよいことであるが、ホームページ上には研究論文とその用例も掲載されており、そうした用例もカウントされてしまう問題もある（ヒットする用例数が千を越えると一つずつ確認するのは大変である)。

第二の問題点は、検索エンジンで見いだした用例によって仮説を反証する場合、どのくらいの用例数が必要かという問題である。この場合、仮説を確証する用例と反証する用例の両方がある場合には、頻度の比較(場合によって統計的な有意差の検定)が必要であると考える。たとえ、仮説に反する用例があったとしても、その数に比べて仮説に合致した用例数の方が圧倒的に多い場合には、仮説を反証したということは難しいと考える(ただしこれは、数値に基づく統計学な考え方であって、言語学では個々の用例を重視する別な考え方をとることもありうる)。認知心理学では、「仮説の確証バイアス」という現象が知られている。それは、一般に、人は自分の仮説を確証するように証拠を集め、それだけに注意を向けてしまい、それに反する証拠を無視しがちである現象である。こうしたバイアスには研究者もとらわれてしまうことがある。こうしたバイアスから逃れることは難しいが、複数のアプローチをとったり、なるべく多くの事例や実験データを集め、統計的方法を用いて仮説を評価する方法が考えられる。

そこで、三節では、心理学的な評定データと検索エンジンを用いた用例数の調査を比較して、味に関わる共感覚比喩の一方向仮説を再検討してみよう。

三　共感覚的比喩の心理学的な分析——感覚形容語の修飾の方向性

心理学では、被験者に例文の容認可能性(理解可能性)の評定を求め、その平均データに基づいて、人の言語理解の仕組みに関する一般的原理を明らかにすることを目指す。二節で述べたように言語学

表2　共感覚的比喩の理解可能性平均評定値
（楠見, 1988 a を改変）

	名詞					
形容語	感触	味	におい	音	色	平均
触覚	(5.1)	*3.6*	3.1	*4.8*	*4.1*	*3.9*
味覚	3.0	(5.8)	*4.7*	3.0	*3.6*	*3.6*
嗅覚	2.5	*4.2*	(5.5)	2.4	2.7	3.0
次元	3.4	3.1	2.4	*4.7*	3.3	3.4
聴覚	2.8	2.6	2.4	(5.6)	*3.9*	2.9
視覚	3.0	2.7	2.9	*4.2*	(5.5)	3.2
平均	2.9	3.2	3.1	*3.8*	*3.5*	3.3

註：6点尺度（1：まったく理解不能—6：完全に理解可能）．平均5点以上を太字，中点の3.5 以上を斜体で示した．対角線上は同じ感覚モダリティ内の表現であり，共感覚表現でないため括弧をつけ，平均算出の際には除いて計算した．

的分析では、用例がないことが、理解不可能性を示すのか、理解可能性があるにもかかわらず用例がないのかを区別できない。逆に用例があることで、理解可能性を示すのか、あるいは、特異な例であってふつうは理解できないのかを区別できない。そこで、心理学実験では、各感覚様相の代表的な形容語を収集し、各感覚様相を代表する名詞（色、音、におい、味、感触）に修飾した語句（例：柔らかい味）を構成し、被験者に理解可能性の評定を求める。そして、どのような組み合わせの語句の理解可能性が高いのかを明らかにする。

心理実験をする場合は一般性を持つ言語材料を選択することが重要である。楠見（一九八八a）の実験1では、材料とした六〇の感覚形容語はつぎの二通りの方法で選択した。

（一）使用頻度の高い感覚形容語を収集するために、国立国語研究所の『分類語彙表』における雑誌九〇種の語彙調査における使用率が原則として〇・〇一四パーミル（千例中十四例）以上の感覚形容語を選択した（ただし、嗅覚のように形容語が少ない場合は、それ以下でも選択した）。

（二）心理学研究で明らかになっている各感覚様相における基本的次元に関する形容語を選択する

ために『感覚・知覚ハンドブック』から、心理学研究で明らかになっている各感覚様相における基本的次元に関する形容語を選択した。

以上の内訳は以下の通りである（表3(a)―(f)）。

(a)**味覚**　『分類語彙表』の［味］から四基本味である「甘い」「しおからい」「すっぱい」「苦い」に、頻度の高い「おいしい」「まずい」「あっさりした」「こくのある」「しつこい」などを加えた十語を採用した。

(b)**嗅覚**　『分類語彙表』の［におい］から使用頻度の高い「臭い」と「香ばしい」など五語である。「生臭い」「きな臭い」などのにおいを発する対象を比喩的に用いた形容語も含まれる。

(c)**触覚**　『分類語彙表』の［材質］から「固い」「柔らかい」、さらに、皮膚感覚として痛覚、温度感覚、圧覚、力覚などから、それぞれを代表する「刺すような」「粗い」「なめらか」「重い」「軽い」などを加え、十四語であった。

(d)**視覚**　『分類語彙表』における［光］［色］から基本次元である「明るい」「暗い」と基本色の「白い」「黒い」など五色、さらに、「鮮やかな」など十語、計十七語を用いた。なお、瀬戸（二〇〇三）が一方向性仮説を検討するために用いた「丸い」「四角い」などを入れなかったのは、これらの形状は、触覚でも認識できるため、視覚固有の形容語ではない点、また、視覚様相を代表する名詞として設定した「色」を形容できないためである。また、「大小」「厚薄」などは視覚形容語に分類することもあるが、これらは、［触覚］でも認識できるため、ウィリアムズにならって［次元］形容語にした。

(e)**聴覚**　『分類語彙表』における［音］から、固有の形容語として採用できたのは、使用頻度の高い

「うるさい」「静かな」「やかましい」の三語のみであった。音の基本次元である「高い」「低い」「大きい」「小さい」は他の感覚の表現もできるためウィリアムズにならい次元の形容語とした（聴覚形容語に焦点をあてた分析は、楠見（一九九六ａ）を参照）。

(f)次元　『分類語彙表』における［厚い・太い・大きい］などから、空間次元に関する形容語である「大きい」「小さい」「太い」「細い」「高い」「低い」「濃い」「薄い」など十一語を採用した。なお、次元形容語は、本来は視覚的な空間の広がりを示していた（国広、一九八九）。しかし、聴覚や触覚でも知覚可能なため、ウイリアムズにならい次元形容語として独立したカテゴリーにした。なお、「濃い」「薄い」「緻密な」は『分類語彙表』では［材質］に入っている。しかし、「濃い」「薄い」は空間内の密度ととらえ次元形容語にいれた。また、「緻密な」は「うつろな」（empty）とともに、空間次元を示す形容語にいれている。ただしこれらは再検討の余地がある。

語句の構成　各様相を代表する名詞としては、五感に対応させて、各感覚様相を代表する名詞「色、音、におい、味、感触」にこれらの感覚に基づく心理的状態や性質に関する名詞「記憶、性格、考え、気分」を加えた九語を用いた。そして計六〇感覚形容語×九名詞の五四〇通りの組み合わせの語句（例：柔らかい味）を構成した。この材料には、語句を解釈するための文脈は含まれていない。この実験では、研究の出発点として、文脈のない語句がどの程度理解可能かを検討した。さらに、文脈が導入されたときの理解可能性については三節の最後と五節で考察したい。

評定実験　五四〇の語句に対して、理解可能性、斬新さ、面白さ、比喩としての良さに関する六点尺度評定を、計百四八人の大学生にそれぞれ求めた。心理学では、語句の理解可能性などの判断を研究者の言語直観ではなく、一般大学生にアンケート調査に回答してもらい、その集計データに基づいて検討する。データ数は、国民や住民を母集団とする言語調査ではないので、百人程度のことが多い。また、大学の授業中に実施することが多いが、これは、社会文化的、そして言語能力において等質の集団の方が、これらに起因する誤差が小さく、実験で調べる要因の効果を明瞭に示すことができるためである。さらに、大学や学部などの差があるとしても、同じ大学の学生から収集したデータであれば、こうした背景を十分に考慮した上で考察ができる。

インターネットの検索エンジンによる用例調査　用例の頻度調査は、インターネットの検索エンジン日本語グーグル（Google）でおこなった（二〇〇三年十一月実施）。グーグルは、キーワード前後の文脈検索キーを含む文章KWIC（Key Word In Context）を百字表示するため、不適切用例の除外はこれでおこなった。また、キーワードは漢字とかななどの表記ゆれに対応するため、検索は表記のバリエーションを踏まえて複数回行った。

実験と調査の結果　表2は、味に関する共感覚的表現の六点尺度評定（一「理解不能」から六「完全に理解可能」まで）の平均値である。中点評定値の三・五以上を便宜的に理解可能な表現、五以上を理解可能性の高い表現と考える。主な結果は以下の通りである。

(a)味覚固有の形容語で修飾した「甘い味」「苦い味」などは、表3(a)に示すように、すべて五・二以上であり、平均五・七八で理解可能性は当然高い。グーグル検索による用例数は約八〇〇から一七〇〇〇例と非常に多い（ただし、用例数が多いため、不適切な用例の除去は十分ではない）。この中で用例数が少ないのは、「まずい味」「しつこい味」であるが、これらは「まずい」「しつこい」だけで「味」を修飾しないことが多いためと考えられる。

(b)嗅覚形容語で修飾した「香ばしい味」「生臭い味」などは表3(b)で示すように、五例中四例が三・五以上で平均は四・一八と高い。その原因は、嗅覚と味覚は感覚器が隣接しているためである。すなわち、図1に示したように、食事の時には、口腔内に入れた食べ物は、舌咽部でつながっている鼻腔内の嗅粘膜の嗅細胞を直接刺激する（山本、二〇〇一）。たとえば、味覚と嗅覚の相互混同と加法性（例：アーモンドの香りを与えて蒸留水を飲むとアーモンド味がする）、相互作用による昂進と抑制（たとえば、サッカリン液を鼻をつまんで味わい、その後、普通に飲むと甘みが劇的に高まる）といった現象が実験的に明らかにされている。また、フレーバー（風味）は味覚と嗅覚の複合感覚である。このような事実からも嗅覚形容語での味の修飾表現は理解しやすいと考えられる。これは、五節で述べるが、感覚器の隣接に基づくメトニミーということもできる。一方、グーグル検索による用例数では「香ばしい味」（約三〇〇〇）、「生臭い味」（約二六〇）は多いが、それ以外は少ない。においで味を修飾する表現としては、実験で使わなかった「〇〇のにおいの味」が考えられる。そこで、出現頻度をグーグル検索で調べたが、用例（魚、杉、硫黄のにおいの味など）の合計は約八〇と多くはなかった。なお、一方向仮説の反例として挙げられる「青臭い味」は視覚起源とも捉えることができるが、嗅覚表現のメトニミー（野菜の青さ）としても分類できると考える。

(c)触覚形容語で修飾した「なめらかな味」「軽い味」「刺すような味」「暖かい味」「粘っこい味」「柔らかい味」は理解可能性評定値四以上で理解可能性が高い（表3(c)）。全体の平均は、三・六四であった。また、用例数一〇〇〇以上が三例あった。いずれも口の中におけるテクスチャ、温度感覚な

表3(a)　味覚形容語を味に修飾した語句の理解度と出現頻度

味覚形容語	理解可能性	頻度
甘い味	**5.97**	17250
おいしい味	**5.97**	12547
すっぱい味	**5.97**	3275
にがい味	**5.93**	6244
しおからい味	**5.93**	1096
あっさりした味	**5.83**	5122
こくのある味	**5.70**	1657
まずい味	**5.67**	802
しつこい味	**5.60**	901
渋い味	**5.27**	1369
平均	**5.78**	

表3(b)　嗅覚形容語を味に修飾した語句の理解度と出現頻度

嗅覚形容語	理解可能性	頻度
香ばしい味	**5.23**	3114
生ぐさい味	*4.90*	266
きな臭い味	*3.83*	13
かぐわしい味	*3.80*	26
臭い味	3.13	-
平均	*4.18*	

註：6点尺度（1：まったく理解不能—6：完全に理解可能）の平均評定値．平均5点以上を太字，中点の3.5 以上を斜体で示した．出現頻度は，Google の検索結果に基づく（表3a-fに共通）．「-」は頻度が0を示すのではなく，本研究が目的とする感覚表現の用例として，カウントが困難であることを示す（例：高い味）．

どの食感、または喉ごしに関わる。これらは、味覚受容器と隣接した感覚器メトニミーということができる（小森、一九九三ほか、山口、二〇〇三aほか）。また、一方向仮説の反例として挙げられている「丸い味、丸みのある味、まろやかな味」「四角い味、角のある味」など形に関する感覚は、視覚固有ではなく、触覚でも可能である。これらは、視覚表現ではなく、舌における触覚経験を表現する触覚起源の形容語として考えれば、一方向仮説に合致する。同様に、山口（二〇〇三a）も用例の分析に基づいて「丸い味」が触覚を通して経験されることを示している。さらに、彼は「丸い味」には、味を人に見立てる概念メタファー「味は人である」が関与することがあることを指摘している（この点は、五節で再び取り上げる）。すなわち、「丸い味」には、触覚形容語で味や人の性格を表現する共感覚的比喩（図6(c)参照）と概念メタファー「味は人である」が関与していると考えられる。

(d) 視覚形容語は十七例中三例「淡い」「美しい」「ぼ

表3(c)　触覚形容語を味に修飾した語句の理解度と出現頻度

触覚形容語	理解可能性	頻度
軽い味	*4.70*	1499
なめらかな味	*4.70*	1163
刺すような味	*4.17*	102
暖かい味	*4.10*	451
粘っこい(りある)味	*4.07*	32
柔らかい味	*4.00*	4977
冷たい味	3.47	135
乾いた味	3.37	81
鋭い味	3.27	157
粗（荒）い味	3.23	89
固（堅）い味	3.17	171
鈍い味	2.93	89
重い味	2.90	380
湿った味	2.87	7
平均	*3.64*	

表3(d)　視覚形容語を味に修飾した語句の理解度と出現頻度

視覚形容語	理解可能性	頻度
淡い味	*4.40*	542
美しい味	*3.73*	672
ぼんやりした味	*3.70*	174
澄んだ味	3.27	470
鮮やかな味	3.10	96
透明な味	2.90	130
つやのある味	2.83	19
明るい味	2.83	54
濁った味	2.73	56
輝きのある(いた)味	2.57	35
醜い味	2.53	4
青い味	2.20	193
白い味	2.20	110
黄色い味	2.13	54
暗い味	2.00	19
黒い味	1.83	52
赤い味	1.63	92
平均	2.74	

んやりした」が理解可能性評定値三・五以上であった。評定値の高い「淡い」「ぼんやりした」は味の強度の弱さを、「澄んだ」「透明な」「濁った」は味の純度を視覚表現でたとえている。とくに、「淡い」「美しい」「澄んだ」は用例数が四七〇例以上と高かった。また、表3(d)で示すように、「赤い味」などの色彩語で修飾した表現の理解可能性はいずれも二・二以下と低い。平均は二・七四と理解可能性は全般に低かった。これらの「〇色の味」という用例は、食材の色をそのまま表現したものであり、文脈によって成立する同時性メトニミーということができる（たとえば、「劇辛ラーメンの赤い味」は、五節で再び取り上げる）。視覚は、色とともに光に関する認識が重要だが、「明るい味」「暗い味」という明るさの感覚形容語を用いた味表現はともに、理解可能性評定と頻度が低かった。

以上の結果から、色や光に関する視覚形容語による味の共感覚的表現は一般には成立しないという

表3(e) 聴覚形容語を味に修飾した語句の理解度と出現頻度

聴覚形容語	理解可能性	頻度
うるさい味	2.97	85
静かな味	2.57	30
やかましい味	2.27	4
平均	2.74	

表3(f) 次元形容語を味に修飾した語句の理解度と出現頻度

次元形容語	理解可能性	頻度
濃い味（濃味）	5.90	22097
薄い味（薄味）	5.83	72290
緻密な味	3.13	75
厚みのある味	3.10	336
うつろ(空虚)な味	2.87	7
大きい味	2.67	-
太い味	2.67	94
高い味	2.03	-
小さい味	2.00	-
細い味	1.87	8
低い味	1.50	-
平均	3.05	

一方向仮説に合致する結果となった。

(e)聴覚形容語「うるさい味」「静かな味」「やかましい味」で修飾した表現の理解可能性は表3(e)のように、平均二・六〇と低い。これらの用例は瀬戸（二〇〇三）には挙げられていたが、文脈のない語句に対する判断では理解可能性は低かった。これは、味の印象を音に見立てて、味の強弱や調和（ハーモニー）を表現することはあるが、適切な文脈がないと理解が難しいことを示している。また、出現頻度はいずれも八五以下と少なかった。その理由は、たとえば「やかましい味」という表現よりも「味がやかましい」という表現が使われやすいことも考えられる。

(f)次元形容語に関しては、表3(f)で示すように「濃い味」「薄い味」の平均理解可能性評定値、および出現頻度は、味覚固有形容語と同じように高い。しかし、他の次元形容語の評定値は低いため、平均三・〇五である。ここでは「濃薄、厚み、大小、太細」は視覚に依拠するが、視覚固有ではないので次元形容語として扱った。しかし、「濃薄」と他の形容語は、味覚の形容（さらに色の形容）に関しては、異なるといえる。

用例の出現頻度と理解可能性評定の関係　図3(a)は、横軸にインターネット上の出現頻度、縦軸に理解

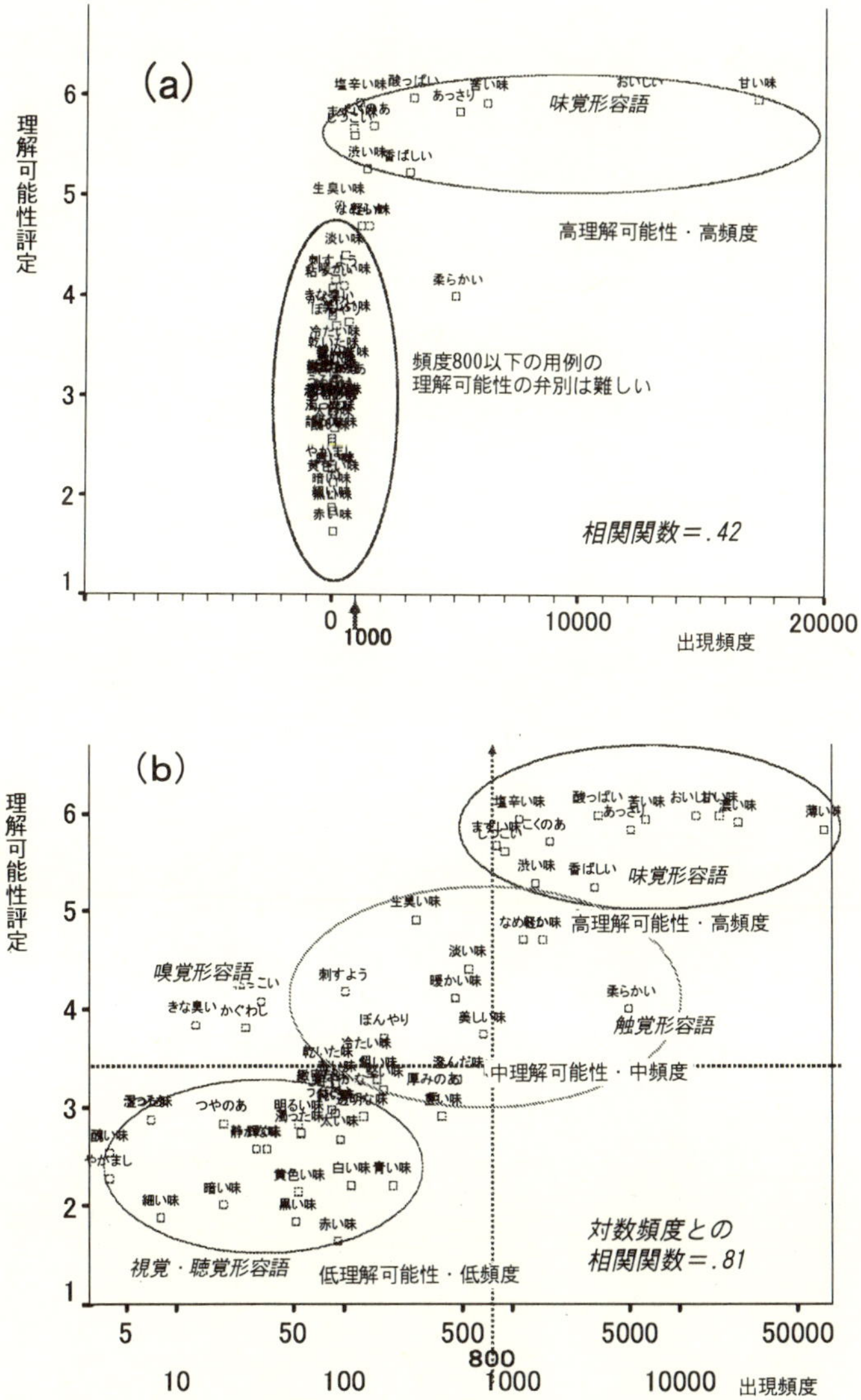

図3　共感覚的比喩の出現頻度と理解可能性評定の関係

可能性評定を示したものである。両者の相関は〇・四二と中程度であった。出現頻度八〇〇以上の用例は、理解可能性も高く、味覚形容語「おいしい味」「すっぱい味」が中心である。一方、出現頻度八〇〇未満で理解可能性評定が五未満の語句の弁別はこの図3(a)では判読しにくい。そこで、図3(b)は横軸を対数目盛にして示した。理解可能性評定値と対数頻度との相関は、〇・八一と高い。理解可能性が五未満の語句はさらに、大きく二つに分かれる。理解可能性が中程度の語句は、出現頻度が一〇〇から五〇〇〇で触覚形容語「柔らかい味」「刺すような味」などが中心である。最後は、理解可能性が低く出現頻度が低い(一〇〇以下)語句である。視覚形容語「赤い味」「明るい味」や聴覚形容語「やかましい味」などが中心である。以上の結果を見ると、「赤い味」「明るい味」などは用例があったとしても一〇〇以下で、味覚固有形容語や触覚形容語による語句に比べると頻度や理解可能性評定はかなり低いことがわかった。

理解可能性評定に基づく方向性　表3(a)-(f)は、「味」に対して、嗅覚、触覚形容語で修飾した場合に、理解可能性が高いことを示している。表2は、五感のそれぞれを示す名詞に、五感の感覚形容語を修飾した場合のすべての組み合わせの理解可能性を示す。低次感覚から高次感覚へ修飾した語句を示す(対角線の右上の)上三角行列の値が、その逆の下三角行列よりも高く、理解可能な修飾の方向性があることを示している。さらに、図1(a)は、平均三・五以上の評定値をもつ修飾関係を、「性格」「記憶」「気分」も加えて示したものである。特に、味覚形容語は触覚形容語とともに、修飾可能な範囲は広い。関連性の強い「におい」だけでなく、高次感覚である「音」「色」、心的状態を示す「気分」「記憶」「性格」を修飾可能である。たとえば、「甘い気分、苦い記憶、しつこい性格」などがある。

一方、「気分、記憶、性格」は、すべての様相の感覚形容語で修飾が可能なことを示している。図2(b)の心理実験による共時的評定データは図2(a)のウィリアムズの通時的データと比較すると転用の方向性は二カ所以外すべて対応している。まず触覚や味覚固有の形容語は聴覚や視覚に転用が可能な点は共通している。そして、単なる一方向ではなく、においからは、聴覚や視覚への転用はない点、色と音の形容語は相互に転用可能も共通している。また、次元形容語（high-low, big-smallなど）は音への転用が可能な点も共通している。なお、一つ目の相違点は、次元形容語の色への転用は、平均が三・三となり、中点（三・五）に達せずにぎりぎりで矢印が引かれなかった。これは、「濃い色」「薄い色」の理解可能性は高いにもかかわらず、「大きい・小さい・高い・低い」色に対する評定が低いため全体平均が下がったのである。二つ目の相違点は、においから味への転用の評定値も高い点である。これは前述したように味覚と嗅覚は感覚受容器が隣接し、フレーバーは、両者の複合感覚であることから妥当である。以上の結果から評定平均値でみると低次感覚から高次感覚の方向性は存在すると考えられる。なお、これらの理解可能性の判断には、基準が厳しい人と、緩い人という個人差がある。しかし、平均することによって、多くの人が理解可能とする表現、あるいは、平均的な判断基準をもつ人の評定結果を求めることになる。

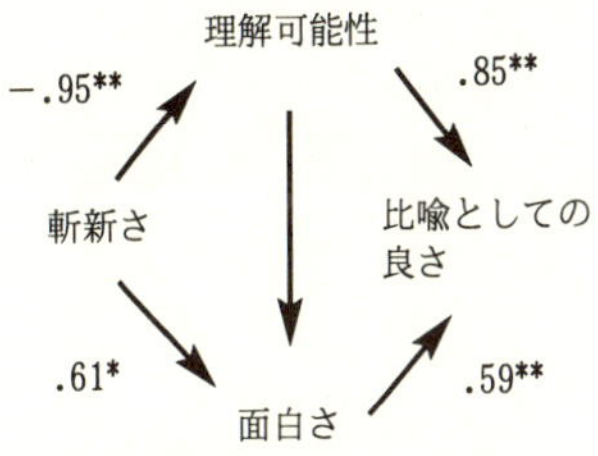

*：$p<.05$，**：$p<.01$ $R^2=.75$

図4　共感覚的比喩のよさの規定要因（数値はパス解析による因果の方向と強さを示す）（楠見,1986）

　さらに、「理解可能性」と「斬新さ」「面白さ」「比喩としての良さ」の評定間の関係を示したのが、図4である。これを見ると新奇な形容語と名詞の組み合わせが引き起こす「斬新さ」評定が高いほど表現の「面白さ」評定が高まる。しかし、一方では、「斬新さ」が高いほど「理解可能性」は著しく低下する。そして、「比喩としての良さ」には「理解可能性」と「面白さ」の両者が必要であるが、「理解可能性」の方が、影響力が大きいことがわかる。たとえば、高次感覚の形容語で低次感覚を修飾する逆方向の表現(例：明るい味)は、新奇であるため「斬新さ」を高めるが、「理解可能性」は低い。しかし、適切な文脈で「理解可能性」を高めたときには、「面白さ」が高く、「良い」比喩になる潜在的可能性をもつ。

最後にそれでは、なぜ修飾の方向性が存在するのか。第一に、近感覚(触覚や味覚)は、対象に密着しているため、身体的で具体的なイメージの喚起力が高い。したがって、イメージ喚起力の強い感覚形容語を用いて、遠感覚(聴覚や視覚)や心理的内容(気分、記憶、性格)を表現することになる。国広(一九八九)も共感覚比喩の方向性は「接触感覚→遠隔感覚」の図式に単純化できるという主張をしている。第二に、触覚形容語の語彙量は、表3(c)の材料数にも反映されているように、他の感覚よりも多い。逆に聴覚形容語は少ない。触覚で代表される皮膚感覚は圧覚、温冷覚、痛覚などに分かれ、種類と数が豊富で、他の様相を表現するのに使われやすい。その理由は、皮膚感覚の受容器は、全身に分布し、すべての感覚受容器と関連をもつからである。たとえば、「暖かい味」「鋭い味」といった表現は、舌における温覚や痛覚に依拠していると考えると感覚器の隣接によるメトニミーということができる。これはつぎの五節で述べる。第三に、味覚は触覚とともに、食物摂取や危険回避など進化的に重要な感覚である。すなわち、味覚は触覚同様、刺激対象に密着した近感覚であり、快―不快の

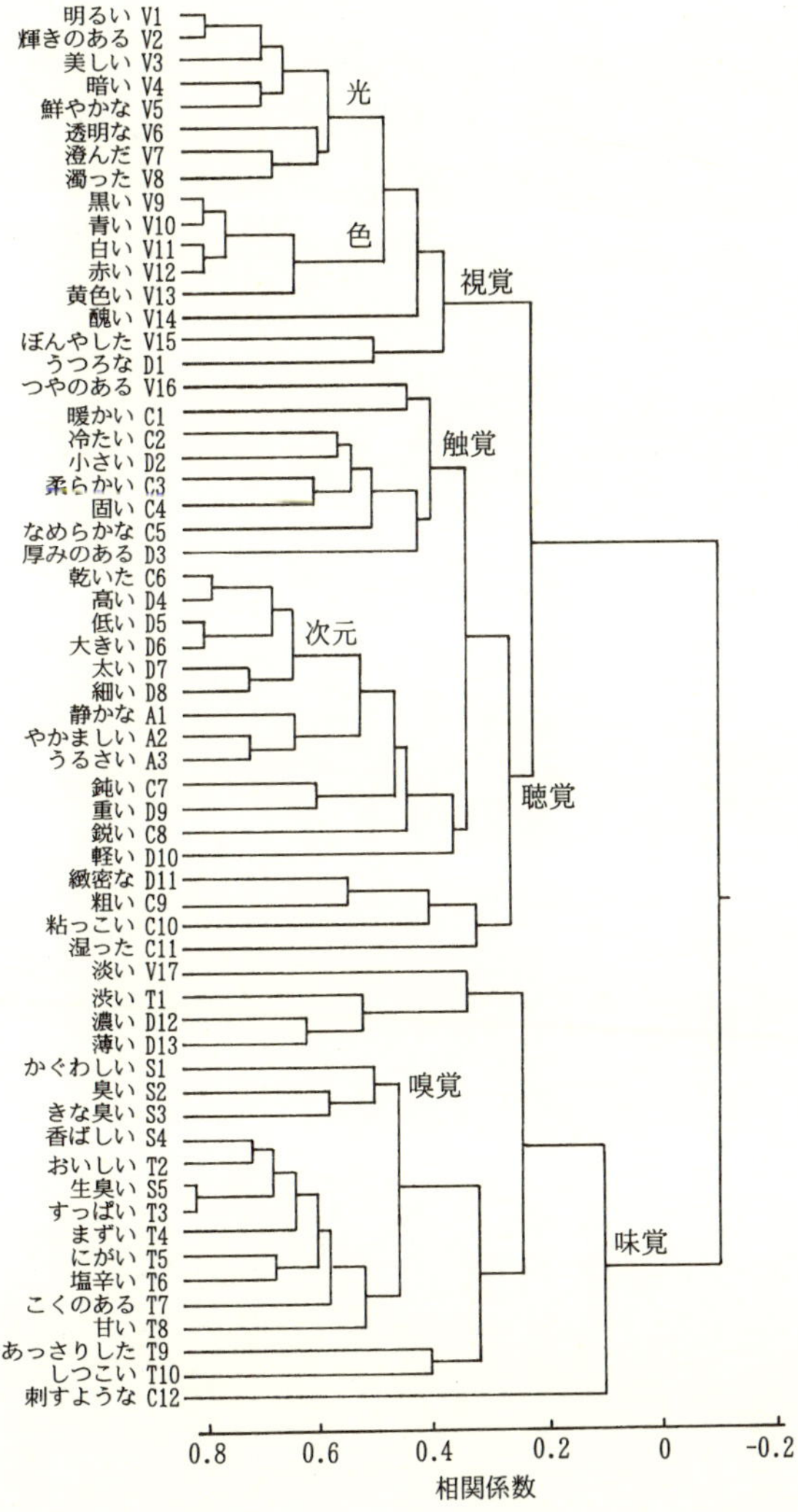

図5　共感覚的比喩の理解可能性評定に基づく感覚形容語の意味構造：感覚形容語間の相関係数によるクラスター分析の結果．V：視覚，D：次元，A：聴覚，C：触覚，S：嗅覚，T：味覚形容語を示す．

判断に大いに依拠している。これは、生物としての食物を「取り入れる—取り入れない」「安全—危険」に関わり、物や人に対する評価や判断の根本をなしていると考えられる。

四　感覚形容語の意味の構造

五感の感覚形容語は、どのような意味構造をもっているのだろうか。ここでは第一に、三節で調べた共感覚的比喩の理解可能性評定を再分析して、それぞれの感覚形容語がどの感覚様相の名詞を修飾できるかというパタンを調べる。そして、そのパタンに基づいて、味覚形容語をはじめとする五感の形容語が、感覚様相ごとにまとまるのか、あるいは、味覚と嗅覚が一つになるようなまとまりを作るのかを調べる。第二に、五感の様相ごとに、共感覚的比喩同士の類似性判断を求めて、各様相における感覚形容語の意味の構造を明らかにする。その構造が、感覚様相ごとに独自のものなのか、あるいは、すべての感覚様相を通して共通のものなのかを検討する。

理解可能性評定に基づく感覚形容語全体の構造　五感それぞれの感覚形容語の他の感覚様相を示す名詞を修飾した語句の理解可能性評定は、三節でみてきたように、感覚様相ごとにパタンがあった。こうしたある感覚形容語と他の感覚形容語が名詞を修飾したときの理解可能性のパタンがどれくらい似ているかを相関係数という統計指標を使って調べた。その指標を用いて、クラスター分析を使って、近いパタン同士の形容語を順番にまとめて、階層的にグループ（クラスター）を作った結果が図5である。図5に示すように、クラスターは、下の｛味覚・嗅覚｝クラスターと上の｛視覚・聴覚・触覚｝クラスターの2つに分かれている。下のクラスターを見ていくと、味覚と嗅覚の形容語は、様相で分かれるのではなく、意味の類似性に基づいてまとまっている。たとえば、〔生ぐさい・すっぱい〕〔香ばしい・おいしい〕は、形容語として「におい・味」を修飾した際に理解可能性が高く、他の「音、色、感触」を修飾したときは低いパタンを示しているためと考えられる。これらとは違い、〔にがい、しおからい〕〔こくのある〕は「味」を修飾できるが、「におい」を修飾できないため、別のクラスターを作っている。〔濃い、薄い、渋い、淡い〕は、「におい・味」に加え、「色」を修飾可能なため、同じくクラスターに入っている。〔甘い〕〔しつこい、あっさりした〕は「味」だけでなく「性格」も修飾でき、また前者は、「音」「気分」「記憶」も修飾可能である。〔刺すような〕は本来、触覚形容語であるが、味覚、嗅覚形容語と同じクラスターに入っている。

上のクラスターも見ると、視覚形容語のクラスターは光と色の形容語に分かれている。ただし、〔ぼんやりした、うつろな〕は「味」や「気分」にも修飾可能なため独立したクラスターを作っている。聴覚形容語のクラスターは、〔柔らかい、固い〕などの触覚形容語のクラスターを含んでいる。さらに、〔大きい、低い〕などの次元形容語クラスター、〔緻密な、粗い〕などの「音」「感触」だけでなく、「味」にも修飾可能な形容語のクラスターに分かれている。

類似性判断に基づく感覚形容語の意味構造の共通性　感覚形容語が他の感覚様相を示す名詞を修飾した共感覚的表現を理解できるのは、感覚形容語の意味構造が感覚様相を越えて共通しているためと考える。それを明らかにするために、楠見（一九八八ａ）の実験二では、二つの方法で共感覚的比喩の意味を求めた。第一に各感覚様相において理解可能性が中点の三・五以上の語句に対して、六〇名の大学生にカード分類法で意味的類似性判断を求めた。これは、意味的に類似した語句が同じグループに入るよ

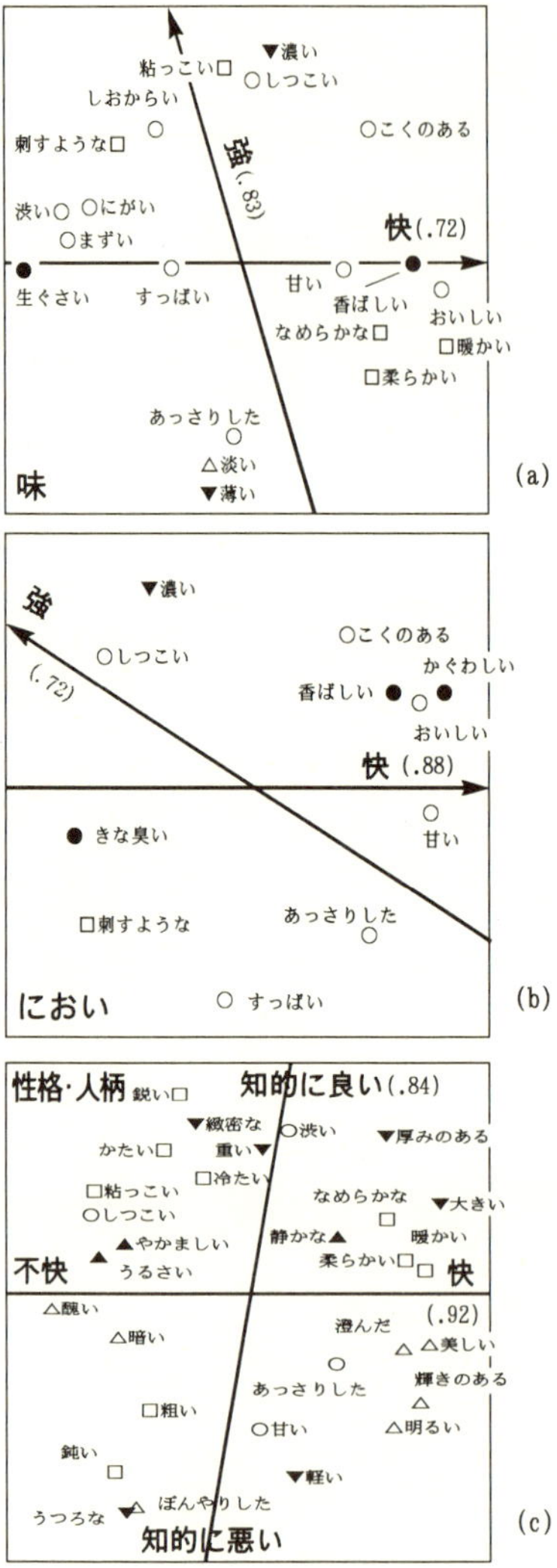

図6　共感覚的比喩における感覚形容語の意味構造：類似性判断に基づく多次元尺度法による布置と評定値の重回帰分析による次元．(数値) は尺度の重相関係数．

△：視覚
▲：聴覚
▼：次元
●：嗅覚
○：味覚
□：触覚

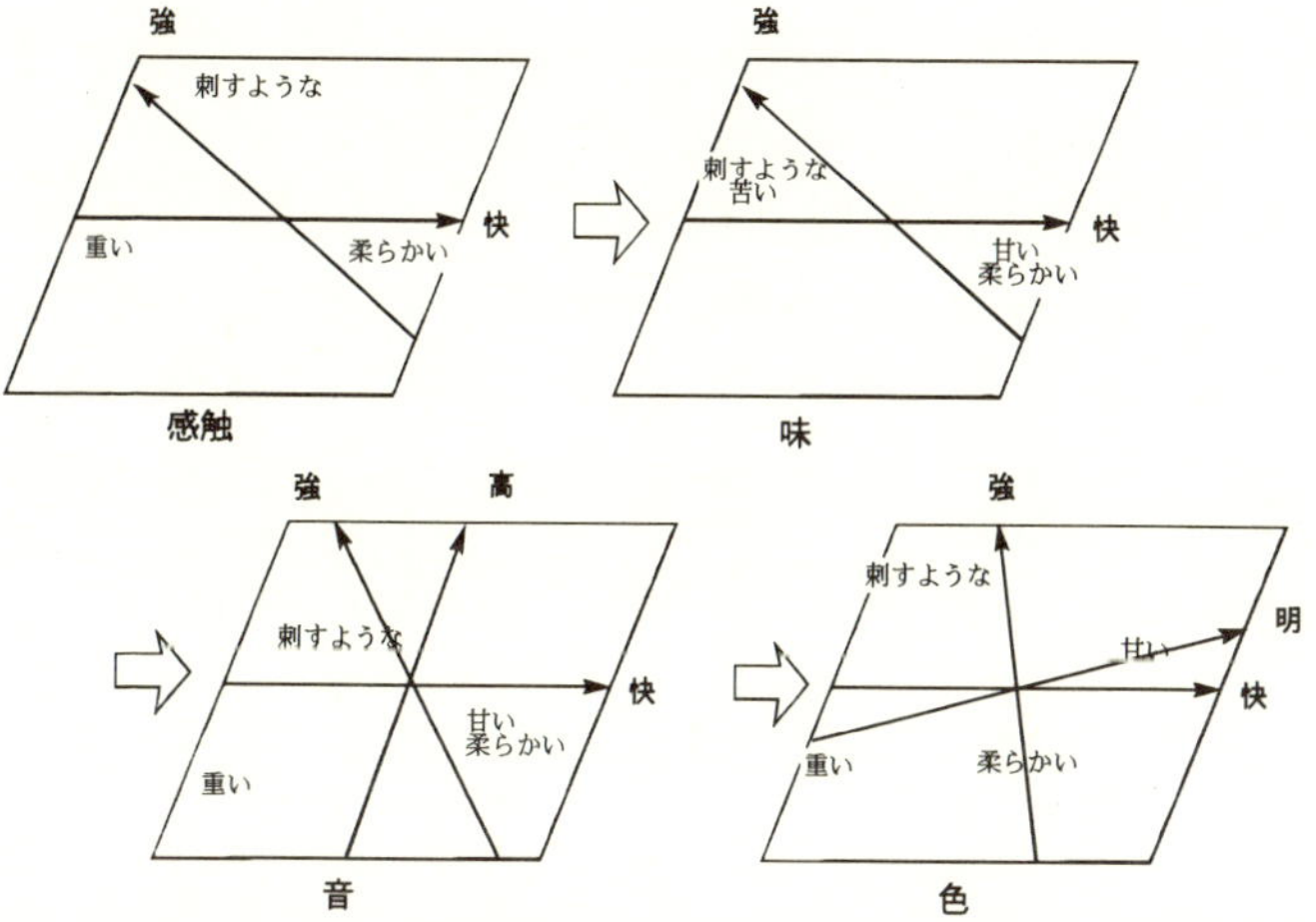

図7　共感覚的比喩を支える意味空間の同型性の例．類似性判断に基づく多次元尺度法による布置と評定値の重回帰分析による次元．（楠見，1988を修正）

うに分類させる課題である（たとえば、｛甘い味、柔らかい味、…｝｛苦い味、刺すような味、…｝）。ここでは、グループの数やグループ内に入る語句の数は被験者が自由に決めることができる。第二に、共感覚比喩に対する意味の評定を、感覚の基本次元から構成した六つの両極尺度（快―不快、強―弱、明―暗、大―小など）を用いて、七段階の評定を計七八人の大学生に求めた。

　図6は、六〇名の大学生が語句を同じグループに分類した頻度を、語句の類似性の指標とみなして、多次元尺度解析というデータ解析法で求めた二次元の意味空間である。ここでは意味が似ている語句同士が近くに、似ていない語句同士は遠くに布置されている。二次元空間上の軸「快―不快」と「強―弱」は、語句の評定データに基づいて重回帰分析という方法で、軸の角度を推定したものである。図6(a)に示すの味の意味空間では、「快―不快」の軸の「快」の味領域には、「おいしい味」「香ばしい味」「甘い

味」などがあり、反対の「不快」の味領域には、「まずい味」「にがい味」などが布置している。また、「強―弱」の軸上では、「強い」味領域では、「濃い味」「しつこい味」などが布置しており、「弱い味」「あっさりした味」「淡い味」などが布置している。

図6(b)は、においを表現する感覚形容語の意味空間である。嗅覚形容語とあわせて味覚形容語も用いられている。「強―弱」の軸と「不快―快」の軸の角度が小さいのは、においの強度が強いほど、不快感が高まるという嗅覚の性質を示している。したがって、においの形容表現は、快の｛かぐわしい、香ばしい、甘い、…｝においのグループと、不快な｛臭い、まずい、刺すような、…｝においのグループに分かれている。

図6(c)は、人の性格を表現する感覚形容語の意味空間の表現である。「快―不快」の軸は味覚と同じだが、「強―弱」の軸は「知的に良い―悪い」を対応させている。たとえば、「快」の領域は「暖かい性格」「明るい性格」が布置し、「不快」の領域には「しつこい性格」が布置していた。一方、「強い」に対応する「知的に良い」領域には「鋭い性格」「緻密な性格」、一方、「知的に悪い」領域には「ぼんやりした性格」、「やや知的に悪い」領域には「甘い性格」が布置している。

図7は、四つの感覚における主要な感覚形容語の意味空間を示す。いずれも「快―不快」と「強―弱」の基本次元をもち、感覚形容語の布置は同型の構造を持っていた。たとえば「甘い」は「快」で「やや弱い」意味を、「柔らかい」は「快」で「弱い」意味を示し、「刺すような」は「不快」で「強い」意味をどの感覚様相でも示していた。このことが、感覚形容語の他の様相への転用を可能にし、新奇な修飾の仕方であったとしても意味の推測を可能にしている。

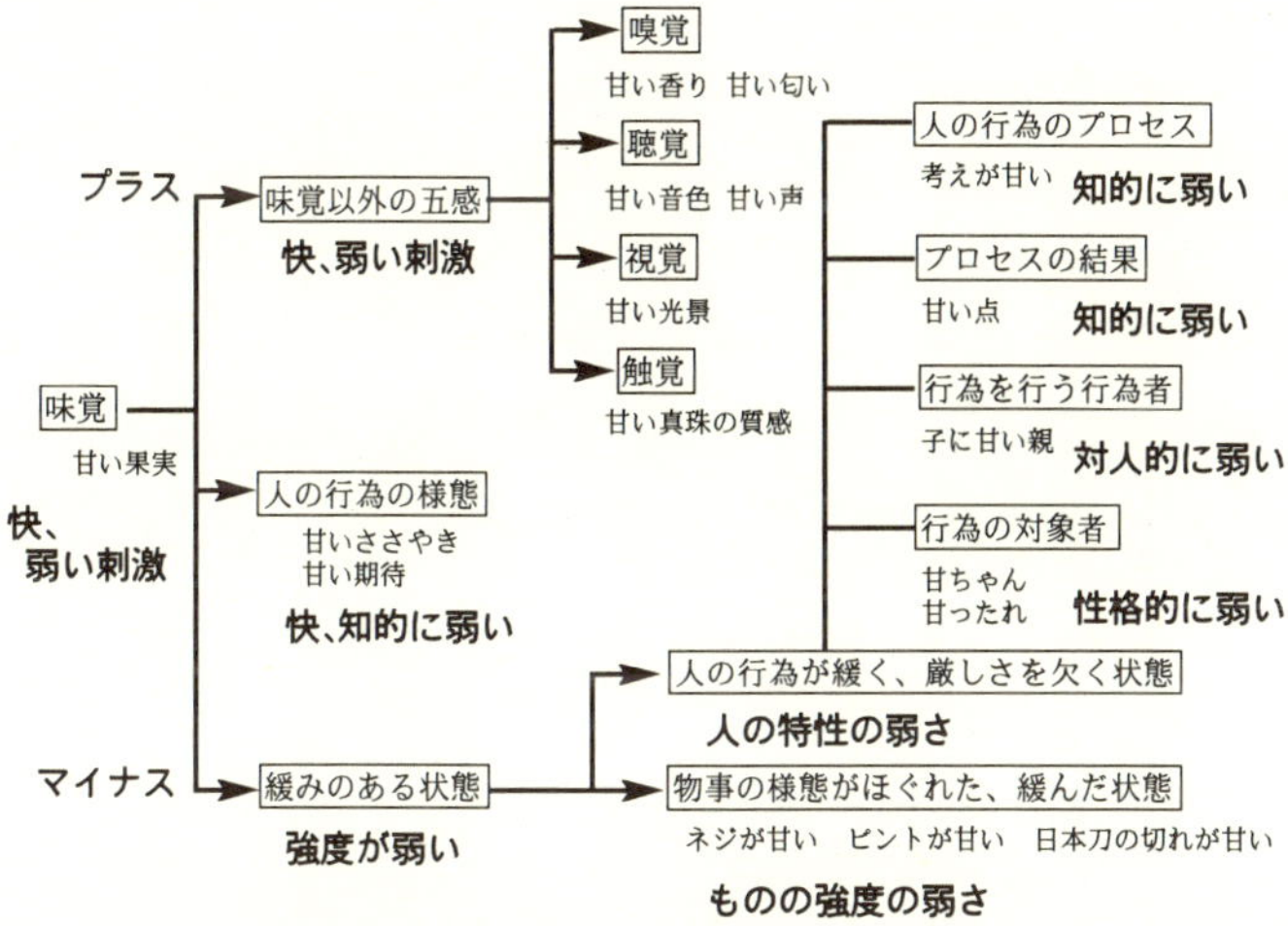

図8　「甘い」の多義構造：快—不快，強—弱の基本次元による分析．
（小田，1993に太字部分を加筆）

こうした感覚形容語の意味空間は、五感そして気分に共通する情緒・感覚的意味空間ということができる。これまで情緒的意味空間はオズグッドのSD（セマンティック・ディファレンシャル）法によって測定されてきた。この方法は、概念（たとえば、誘惑、蜜）の意味を、両極形容詞尺度対「快—不快」「明るい—暗い」「甘い—辛い」「大きい—小さい」「速い—遅い」などの七段階尺度を用いて測定し、因子分析（評定尺度同士の関連性に基づいて、背後にある抽象的な因子を見つけるデータ解析法）をおこなう。そして情緒的意味の次元として、「評価」「力量性」「活動性」が見いだされている。さきに述べた「快—不快」は「評価」に、「強弱」は「力量性」にほぼ対応する。こうした情緒的意味は、カテゴリー的意味や辞書的意味とは異なり、概念のイメージや連想に関わる意味である。たとえば、SD法では「誘惑」は「とても快」で

「とても甘い」ものとして一般に評価される。一方で、「蜜」も同様に評価される。こうした情緒・感覚的意味における類似性が、異なるカテゴリーの「誘惑」と「蜜」の結びつきを支え、「誘惑は蜜だ」という（共有属性「甘い」に基づく）属性メタファーの理解を可能にしている（Kusumi, 1987）。

このように感覚形容語の意味空間を、「快―不快」（評価）、「強―弱」の基本次元で捉えたが、これは、言語学でおこなわれている多義構造の分析とも対応する。図8は、小田（二〇〇三）が示した「甘い」の多義構造の分析である。図8のように、「甘い」は甘い味覚が生み出す快い（プラスの）感覚特性を中心に、嗅覚・聴覚に意味が広がる。さらに、人や動物のやさしさやかわいさ、事柄（記憶など）に広がる。なお、小田は「ねじが甘い」「甘い親」などのマイナスの意味の解明が今後の課題としている。これは、「甘い」の基本次元は、「快」であるとともに、強度が「弱い」ことで説明できる（図7）。たとえば、「甘い味」「甘いにおい」「甘い音」は快であるとともに、強度は弱い。したがって、「甘い性格」「甘い親」は、強さに欠ける弱い性格を示し、「ネジの甘い」のは、締め方が弱いことを示すと考えられる。一方、「苦い」は、山添（二〇〇三）が指摘するように、苦い物を口にしたときの「不快感」が、心理領域における不快な経験に意味が拡張している。

五　まとめ――味覚表現を支える認知のしくみ

本章では、味の言語表現、とくに「感覚形容語＋名詞」の共感覚的比喩表現について、心理実験に基づく評定データとインターネット上の頻度データを対応させて論じてきた。そして、二節と三節では、感覚形容語の共感覚的な修飾方向は、低次感覚から高次感覚へのゆるやかな方向性があることを示した。一方で、逆方向の用例もあるのも事実である（ただし、逆方向の用例として挙げられた視覚形容語の中には、触覚形容語に分類できる用例もある）。しかし、順方向の共感覚的修飾語句は逆方向のそれよりもはるかに頻度が高く、理解可能性も高いという方向性があった（頻度には理解可能性評定との相関がある）。

こうした順方向そして時には逆方向の修飾語句の理解を可能にしているのは、四節の図7に示したように、味をはじめとする感覚形容語に関する情緒・感覚的意味が、五感を通して、共通の構造を持つためであった。すなわち、感覚形容語の意味構造は、「快—不快」「強—弱」の次元を持っている。したがって、共感覚的比喩「うるさい味」「うるさい色」は強度次元で「強く」、快—不快次元で「不快」であることが「うるさい」という感覚形容語の意味から理解できる。こうした感覚形容語の基本的、抽象的意味「快—不快」「強—弱」から、どのように多義構造が生まれるかは、図8の「甘い」のような言語学的な分析が不可欠である。

こうした慣用性の低い、逆方向の修飾による共感覚的比喩の理解は、情緒・感覚的意味が媒介するという考え方は、属性メタファー理解と同じプロセスによる説明ができる（Kusumi, 1987）。一方、こうした慣用性の低い共感覚的表現には、メトニミー的認識に支えられているものもある（小森、一九九三ほか、山口、二〇〇三aほか、武藤、二〇〇三ほか）。ここでは、山口による共感覚的表現における転義の五つのパタンを、本章での議論に基づいてみていこう。

（一）身体感覚のメタファー

これは、「ある感覚刺激を別の感覚が肉体に与える印象になぞらえて表現する」メタファーである。

身体感覚のメタファー（例・重い味）は、私たちの身体感覚に依拠しているため、文脈がなくても理解できる。三節で紹介した評定実験の結果は、評定者がもつ身体経験に基づく情緒・感覚的に意味に依拠していると考える。

（二）感覚器の隣接によるメトニミー

これは、「感覚器の隣接や重なりがもたらす」メトニミーである。「触覚的な反応が味覚の印象にすり替わる」表現である。すなわち、味を、味覚受容器に隣接した舌や口、喉の触覚（例：柔らかい味）や、口腔を通してつながった嗅覚（例：香ばしい味）に基づいて表現することである。これらは、現実の食品飲料を口に入れることが、味覚だけでなく、触覚や嗅覚を含めた感覚を喚起し、それらを統合して味を認識しているためである。したがって、これらは、比喩ではなく、字義通りの表現と考えることもできる。

（三）概念メタファーの介在

これは、「概念メタファーが積極的に関与することで共感覚表現が成立」したものである。「癖のない味」「自己主張の強い味」などは「味は人である」という概念メタファーに基づいている。概念メタファーとは、味という概念領域を人（性格）という概念領域で理解する比喩である。とくに、人でたとえることを擬人化ともいう。

（四）同時性のメトニミー

これは、「ある感覚経験が、同時に知覚された別の感覚経験によってすり替わる」メトニミーを指す。「食材が赤いから味も赤いという」文脈に依存した表現である。たとえば、「赤い味」は「（激辛ラーメンの）赤い味」のように、用例はすべて食材も赤いものであった。

（五）連想的なメトニミー

これは、「当該の感覚経験をその感覚経験に喚起された別の感覚経験にすり替える」メトニミーである。たとえば「まん丸なあの子を思い出させるから味もまん丸という」連想に基づく表現である。個人のエピソード記憶に依拠しているため、他者に伝達するためには、連想の文脈もあわせて伝えないと理解は難しい。

ここで、順方向用例は、身体的メタファー（例：重い味）、隣接感覚器メトニミー（例：柔らかい味）を基盤にする表現が多い。一方、逆方向用例は、概念メタファー（例：青い未熟な味）、同時性メトニミー（例：赤い味）、連想的メトニミー（例：楽しかった記憶に結びついた明るい味）であった。これらの共感覚的表現の中で、理解可能性の高い表現と低い表現を分けるものは、つぎの五つの要因があると考える。第一は、表現自体の慣用度、第二は、身体的基盤を持つ感覚形容語の転用の方向性である。第三は情緒・感覚的意味、第四は概念メタファーの喚起しやすさである。さらに、第五は、同時性メトニミーや連想的メトニミーを支える文脈がどれだけ顕在化しているかである。とくに本章では、第一と第二については、慣用度を、通時的・共時的な出現頻度（二節）と心理評定（三節）との関連で説明した。第三の情緒・感覚的意味については、属性メタファー理解の際にも喚起され、理解可能性を支えている意味構造として説明した（四節）。これらの第一から第三までの共感覚的表現の慣用化を支える要因の身体的・感覚的基盤については、脳科学に基づいて研究することも重要である。たとえば、近年、坂本ら（Sakamoto et al., 2003）は、脳の事象関連電位（ある刺激に時間的に対

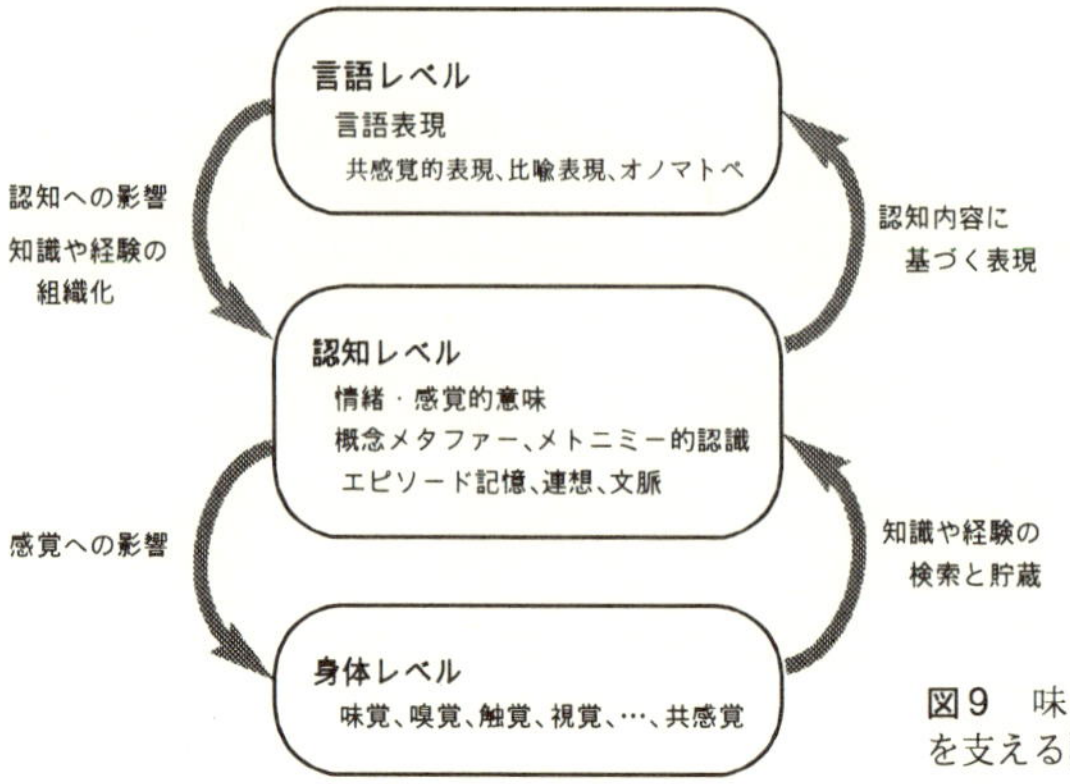

図9　味の言語表現を支える階層構造

応した脳波パタン）を用いて、共感覚的表現の理解可能性との関連を検討している。ここでは通常の感覚表現（例：柔らかい手触り、赤い色）と比べて、一方向仮説にしたがう順方向の共感覚的表現（例：柔らかい色）と仮説に反する逆方向の共感覚的表現（例：赤い手触り）は、両方とも（意味的逸脱刺激文に対して出現する）N四〇〇という事象関連電位成分が出現している。しかし、共感覚的表現でも順方向と逆方向では、事象関連電位成分が出現する場所が異なることから、脳内の処理する場所が違うことを示唆している。これは、共感覚的表現において一方向仮説を傍証するだけでなく、慣用化した順方向表現と新奇な逆方向表現について異なる処理過程を仮定できる。

最後に、まとめとして、図9のように、味の言語表現を支えている認知のしくみを三つの階層で考えてみよう。

第一は、身体レベルである。一節で述べたように、食べ物・飲み物に関する情報を、感覚受容器を通して身体内に取り込む段階である。ここでは、味覚、嗅覚、触覚をはじめ、感覚様相を越えた共感覚現象が関与する。これは生理学において考察しているレベルである（一章参照）。

第二は、認知レベルである。食べ物・飲み物に関する感覚情報を、統合し、解釈するために、関連する知識や過去経験を利用する段階である。これは、本章が主に取り上げた認知心理学に基づいて考察したレベルである。ここでは、感覚情報に基づいて、快―不快の判断をおこない、情緒・感覚的意味によるイメージを形成する。さらに、概念メタファー、たとえば「味は人である」に基づいて、「味へのなじみ深さ」「味の自己主張」を解釈したりする。あわせて視覚などから取り入れた文脈情報において目立つ情報（食べ物や飲み物の色・形や食器など）に着目するメトニミー的認識も働いている（楠見、一九九〇）。さらに、過去に同じものを飲食した経験（例：幼いときに食べた味）を思い出したり、関連する出来事（例：祭り）や人（例：母、祖母など）を連想したりする。これらによって統合され解釈された認知内容は、第三の言語レベルでの言語表現に影響するとともに、第一の身体レベルにおいて、特定の感覚情報に注意を選択的に向けさせる。

第三は、言語レベルである。これは、第二レベルの情緒・感覚的意味に基づくイメージや概念メタファー、エピソード記憶や連想に基づいて、言語表現として、共感覚的表現や比喩表現、オノマトペアを生成する段階である。こうした言語表現は、味に関する知識や経験を他者に伝達したり、記憶や知識に蓄えたりすることを通して第二レベルに影響を及ぼす。三節で検討した共感覚的表現の理解可能性の評定データは、第三の言語表現レベルを支えている認知的基礎を明らかにするためのものであった。

味の言語表現の研究は、感覚、身体、言語、学習、記憶、文化など広範な領域に関わる重要なテーマである。そのために、言語学だけでなく、心理学、脳科学、生理学などの学際的研究が不可欠と考える。言語学は、歴史、言語間の比較や対照、文脈を考慮に入れた言語用例の分析に基づいて、仮説を提供することができる。心理学は、それらの研究に基づいて代表性の高い材料や文脈を考慮した材料によって、より適切な心理実験を可能にする。さらに、心理データは言語学的な理論やモデルの検証において重要な役割を果たす。そして、脳科学や生理学は、感覚入力と言語を結ぶ処理過程の解明に寄与すると考える。

心で味わう認知メカニズムは、これらのアプローチを統合することによってさらに解明が進むと考える。

四の皿　体で味わう　〈身心《しんじん》〉の味覚

一　〈いのち〉の味わい

昨春、日本経済新聞（二〇〇四年五月二三日付朝刊・医療面）に「腎臓移植の『味わい』」というコラムを寄せた。いまその一部を載せてみる。


　臓器移植の中でも、腎臓の場合は、心臓や肝臓とはひと味もふた味も違うように思う。「味」というと眉をひそめる向きもあるだろうが、体験者の一人として、やはり「味」にこだわりたい。

　腎移植は、ドナー（臓器提供者）の腎臓をわき腹に埋め込む。左右一対ある自分の腎臓は摘出せずそのまま放置する。濾過機能は働かず萎縮していくが、壊死はしておらず、超音波検査では五円玉ぐらいの大きさで残っているのが見える。移植した腎臓は五〇〇円玉ほどになっている。それでもまだ動いている。体内には計三つの腎臓があることになる。

　摘出しないのは、血圧を上げる働きのあるレニンという酵素が腎臓の表皮にあるためだと、説明を受けた。取り去ると、レニンが作用せず血圧が下がって透析を行なうことが難しくなってしまうらしい。

再透析後でも、服用する薬の量が影響して、拒絶反応のため血尿が一箇月続いた時期があった。血圧の調整ができず、数値を目にするだけで暗たんたる気持になったことも一度や二度ではない。だが、こうした苦しさは、移植された腎臓が懸命に生きようとしていることの証しだと逆に励まされ、いとおしさを感じるときすらあった。

同じ移植でも、病んだ臓器を正常なものに置き換える心臓や肝臓と異なり、腎臓移植の場合は、黒白をつけられないあいまいさがつきまとう。障害との共生、ここに〈いのち〉の味わいがある。臓器という形で〈いのち〉を受け取り、その〈いのち〉に勇気付けられて生きる——。このことに気づくのに、ずいぶんと長い年月を要した。

手術後〈モノ〉であった臓器がいつの間にか〈いのち〉になり、それをまた〈モノ〉と感じたり、様々な体験を経て、この二つをやっと両立して考えられるようになったのは、ごく最近のことである。

この短文は腎臓移植全般に関わる「味」であって、五感すべてが幾重にも折り重なって「味」という言葉に集約されていったものだと思う。自分でもごく自然に出てきたこの単語を、いまもなぜ「味」として表現したか不思議に感じている。

移植全般の味はおそらく体験者にしかわからないものであろうが、決してすがすがしくバラ色の味ではない。仮に味ことばで表現すれば「尖った味」というところか。苛立ちが心底つねに巣食っている。それは私が再透析にもどって、いまもなお週三回、一回四時間の透析を続けているからではない。世間一般の表層的な報道による光輝く道を歩む被移植者は稀だからである。

私が再透析に還ってしまったと友人の医師に告げたとき、彼あるいは彼女の口の中は困惑の味に満ち、私を慰める言葉を、舌がもつれて見出しえなかったのではあるまいか。ほろ苦いを通り越して、苦汁の味は心に辛いものである。

第三者の立場としては当然の心境であろう。わかってほしいとも思わないし、仮に理解してくれても、それを味覚で感じてくれる人はほとんどいないのではあるまいか。

結局、きわめて個人的な領域になってしまう。自己満足と批判されても、表現していかなくては理解への一歩ははじまらない。

コラムに、腎移植の場合は「あいまいさ」がつきまとうと書いたが、このたゆとう感覚こそ生きていることを実感できる味で、甘くもなく辛くもない、強いていえば甘酸っぱい感のなくもない限定しにくい味だ。ふわふわと浮遊している味、不安定な味、が的確かもしれない。

地に足のつきにくいこうした状態は不安をかもし出すが、そういうものなのだと受容れるのに歳月がかかり、それを「味」の一語が引き受けてくれたのだから、文字どおり味わい深い体験をしていると言えよう。

今後、体調がどう変化していくかも全く不明だし、いまは健康な障害者で、いわゆる病人ではないが、いつ病におそわれるか知れない。

将来のことは書けないので、透析や移植手術で変移してきた「味」について記していこう。

二　味への懐い

私の場合、長い闘病生活ののちにやむをえず透析導入に踏みきったのではなかった。血圧をはじめとして体調に狂いが生じてきて病院に出かけたその日の午後に透析者になってしまったのである。

生きるか死ぬかの選択を即座に決めなくてはならなかったわけで、悩むゆとりさえなかった。入院もせず、よくここまで生きてこられたものです、と透析医は首を傾げながらからだのむくみ具合を触診していった。

一回目の透析を終えてベッドで休んでいるとき、またそれから三箇月の入院期間で思い浮かんできたのは、食事制限をされたがゆえにいっそう食べたいもの、とりわけ好物の形、色、匂い、そして言うまでもなく味である。

制限された食物というのは、(一) 塩分の多いもの (漬け物、外食で注文するほとんどの食事など)、(二) カリウムの入っているもの (野菜、果物、海藻、生魚など) の大きく二つに分けられていた。

(一) の塩分は、体内にナトリウムが蓄積すると水を飲みたくなるから——腎機能不全のため尿が出にくかったり、やがて出なくなるので、人工腎臓を用いて水分を取り除くのが人工透析の役割のひとつ。つまり、塩分の摂取が水を呼び、溜まるにつれて心臓に負担をかけ、高血圧を招くことを意味する。

(二) のカリウムは、これが高まると、筋肉の収縮度を司る作用が強くなって心筋が止まり死んでしまう恐れがあるからである（高カリウム血症）。

透析中に医師は淡々と説明してくれ、一冊の小冊子ももらい受けた。自分のからだの置かれた状態の危うさを思い知ったが、愚かにもこのときはじめて、人間が食べ物を食べて生きている、という厳然たる事実を突きつけられた。それもその含まれている成分・栄養がいかに大切なものであるか、ということも。保健の授業が数学や英語より重要だと感じたのもこのときである。

点滴で栄養を補給して生活するのは不可能なのだ——やはり五感が感じ取れる食べ物こそがいちばんなのである。

病院で出される三食は、朝がパン・マーガリン・牛乳、昼と夕方が透析食（つまり薄味の副食《おかず》で味噌汁はつかない。二三年前は、昼のご飯はあたたかかったが、夜は四時半に配食された。ベッドの上でごろごろしているだけで動いていないから空腹でない。とても食べられたものではなく、六時ころに食べるとすでに冷たくなっている）で、うんざりしてきたものである。

想うは、好物ばかり。本当に好きな食べ物だけしか想わないから、自分の嗜好がおのずとわかってくる。

想いが懐しさにだんだん変化していくのは悩ましいかぎりであった。

日本そばとバナナ——この二つの味に強烈な郷愁を覚えた。

味というものは、記憶にしっかりと刻まれているようで、いざ具体的にと言われると記憶は〈あいまい〉へと逃げていく。そしてそばならそばと自分との広い意味での歴史も絡まってきた。

札幌で育った私の場合、幼少年期に近所にあった二軒のそば屋の味のちがいへと思いは馳せていた。

その相違をしきりと探り出して表現し、たぶん自己確認をしようとしていたのであろう。そうせざるをえない生命の淵に立たされていたと言えば誇張であろうか。

セイロ（もりそば、ざるそば）ものが抜群だったA店の垂れの味は、舌をきゅっと引き締めてくれる鋭利な味。冷えているのがそれを助長しているのはもちろんだが、かつお節の味が底にあったのではなかったか。それに鈍色に輝くそばが絡まる。そばそのものの味とは究極的には粉の味で無機的なものだが、その中性的な味を醤油の紫色の味とわさびの切れ味で引き立たせる。

醤油にはもちろん塩分が多く含まれている。潜在的に塩分制限への反発があったと思われる。関東以北の味で育った私には関西のそば垂れが甘くてなかなかなじめないでいたので、制限されるや、一挙に懐いは醤油味に飛んだのだとも考えられる。

極限とは大げさだが、ほとんど味のない透析食の日々を送る中で、遠い記憶の中に埋もれていた禁断の味を想起してしまうのはきわめて自然ではなかろうか。

退院が近づき外出が許されて、まっさきに出向いたのはそば屋であった。ざるそばを注文（関西には「もりそば」がない）。甘い味の垂れでも満足して帰院したが、血圧が高くなっていて、塩に踊らされるわが身の健全さに歯ぎしりする思いであった。

究極的に味とは、その人の生活環境や健康の中で育まれてきたものであって、特に幼少年期の味が身心《しんじん》の深奥の部分で、強固な決定権を持っているのであろう。その味を表現する言葉も、文学的意匠など考慮せず、むしろその種のものを剥ぎ取ったときに、この上なく純朴な表現となって記憶の一片として表出されるにちがいない。

バナナへの追憶も同様であろう。少年のころ（一九六〇年代）、バナナはメロンと同じく高価な果実で、遠足のときや運動会での家族といっしょの食事の折にしか口にできなかった。その段階ですでに制限された食物であって、やはり私にとっては印象に残る味を持つ食べ物であった。

まだ青っぽいバナナ、とっくに熟して蜜状になっているバナナ、まともなバナナ——バナナの熟れ具合でみな味がちがう。ベッドに横たわって、それぞれの味を舌の上でころがしてみるのもいいが、ときに明確な表現に結ばないことがある。そのときはそのときで、もどかしさを覚えながらも、表現できないほどに懐しく少年の味覚を魅了したバナナの味を想像する愉悦に酔ったものである。

そして風邪を引いて食欲のなかった私に、母がすりおろしてくれた、リンゴの井戸水のような味。

三　水

通院透析に変わって週二回——最初の透析の六年間、医療界では、透析が儲けになる時代で、私の病院は、患者の社会復帰を第一としていたので、深夜透析を行なっていた。全国でも稀な例である。私の場合は、火曜日の夕方から水曜日の明け方までと、金曜日の夕方から土曜日の明け方までの二回。一回十時間の透析を毎週つづけた。

前述のように味噌汁は、透析食（夕方）にはつかないので、たいていの人は魔法瓶にお茶を詰めてきていたが、私はベッドでの食事の飲み物としていつもトマト・ジュースを飲んでいた。

トマト・ジュースにしたのは「野菜」を摂りたかったのと、通じにもよいためだからである。それにもうひとつ大きな理由があった。人工透析者は生野菜や果物をあまり食べられないからである。それらに含まれているカリウムという物質が、腎不全の患者には吸収できず、体内に蓄積する。多量にたまると高カリウム血症という症状が出て、心臓の筋肉を停止させてしまう。つまり死ぬのである。だから冬場など、ミカンをたくさん食べることはできない。

しかし透析を受けながらだとカリウムはすぐに透析されていくので、安全なわけである。週二回、トマト・ジュースを飲める日として私は透析の日の病院食を愉しみにしていた。

ちょっと塩気の混ったトマトの味が口の中をやんわりひたしていく。嫌いな人も多いと思われるジュースだが、この感覚がなんとも言えない。

透析の日にはリンゴ、バナナ、夏にはスイカの切り身、冬場のミカンなど、普段食べられない好物を交互に持っていって、デザートとして満喫した。

透析者は水分をたくさん摂れないので、果物で補おうと思っても、カリウムが原因でなかなか思うようにはいかない。缶詰の果物ならいいのだが、汁にはカリウムが融けているから飲めない。それに汁は甘いので、飲んだら余計に喉がかわく。

透析は水との闘いである。透析当日、水でぶくぶくにふくれ上がった顔を鏡で見て、自己嫌悪におちいったこともある。針をさして水を放出したいと何度思ったことか。

わかったことは水に味があるという事実である。単にのどの渇きをいやしてくれるのではなく、貴重な水にれっきとした味が宿っているのである。ある意味で敵である水は、私にとっては「求められる対象」で、文字どおり一滴一滴に味が秘められているのに気づいた。

名水の類いではなく、水道水で、である。

砂漠では一滴の水が万金に値すると喩えられるときも多いが、そのとき水は水分になっているのではあるまいか。透析も水分量の摂取いかんで生存率が左右されると言われているが、砂漠と比較するほどでもない。ただ一日、ご飯などの食事に含まれる水とはべつに、飲む水として二〇〇CC以内と限定されると、水をおのずと味わうことになってしまう。

天気模様になぞらえて表現するのが適している。


のどの渇きをいやす際には、雲間から太陽がやっと顔を覗かせたときに似た味。

風呂上がりにあおる水は、晴天の味。

朝起きて飲む水（お茶）は、雨上がりに吹く涼風の味。

水の摂取が至難で氷のかけらを服まねばならないときには、にわか雨の味。舌でころころと、渇いた口の中を万遍となくころがす。融けるのは早く、リンゴ飴の味もする。

水のまろやかさ、透明ゆえに掻き立てられる想像力。じっさい飲むとほとんどその想像がかなえられる不思議。

しゃぼん玉が陽光に射抜かれる際にさまざまに彩りを添えられるが、その色彩それぞれがその色で身心を満たしてくれる。

これもみな、制限されたために発見できた味の色彩感である。

舌はしだいに薄味に慣らされていき、水もそれほど必要でないようにやがてなってくる。最近は三食後に必ず歯を磨くことにしている。口腔内から「味」が消えてゆき、また口の中に中性的な冷感が広がるので、気分的に水を飲まなくても済むと感じてほっとするからである。突然渇きがおそってきたときには氷をころがして水は飲まないようにしている。

禁欲的な生活に映るかもしれないが、自覚してやっている分には辛くはないものである。他人に圧しつけられると反発するであろうが、生死に直結することだから、他人事ではすまされない。

当時独り身であった私は、塩で味をごまかす外食をしながら、病院での透析食を唯一の愉しみとして暮した。

四　味の変奏

こうした最中に登録していた病院から私に適合すると思われる腎臓があるので移植してみてはどうかと連絡を受けた。

思い切って受けることにした。そして手術は成功した。

移植後食事の好みが変わった。

私はよく勘違いされて困るのだが、健啖家でも美食家でもない。しかし好みというものはわりと一定してきた。それは普通の人とほとんど変わりのないものだと思う。というのも、小さいときはハンバーグとカレーライスとオムライスが好き、魚類よりも肉類が好き、味の濃いものが好きで、二〇代になってからもこの嗜好がつづいた。

味の濃いものについては透析時代、意識的に避けたが、味覚への記憶は強く残っていた。

しかし三〇を過ぎてから徐々に変わりはじめてきたのに気づいた。

とうふ、さしみ、煮付け物といった淡白なものが口に合うようになってきたのである。以前はさしみなど、なぜおいしいのかてんでわからなかった。さしみを食べるくらいなら、おかずなしでご飯だけですました方がどれほどいいかと思っていた。それがどうしたことだろう、この変わりようは。

肉から魚へ、動物性タンパク質から植物性タンパク質へ、ソース味から醤油味へ、とがらりと一転してしまったのである。

外食のときでも、なるべく魚を使った料理を注文するようになった。白身の魚がこんなにおいしいとは想像もしていなかった。かみしめるように食べた。

さらに一日一食はめん類を食べる。

たとえば昼にたくさん食べると、夜は軽くそばにしてしまう。夜は食事のあとたいした仕事はせず、早い目に寝てしまうので、あまり胃に負担をかけないものを食べることにしている。そばのときもあるし、ラーメンのときもあるし、パスタのときもある。

昼にめん類を食べるときには、たいていそばを二人前注文する。ざるそばに天ぷらそばといった具合だ。さすがにざる一枚では夜までもたないからだ。朝はパンよりもごはんがおいしい。紅茶よりも熱い煎茶。純然たる和食好みになってしまった。

健康的にはカロリーをとりすぎないように心がけている。

腎移植手術後、免疫抑制剤のせいで、必要以上に食欲がわき、食べに食べて、その結果ぶよぶよと肥ってきた。肥ることはやはりよくないので、食べない努力をした。と同時に、舌の嗜好も和食好みに変わってきたので助かった。

好みが和食へ変わっていくのは、移植を受けたばかりが原因ではないであろう。三十路に入ってごくあたりまえに味への嗜好に変化が萌したと考えた方が無難かもしれない。

というのも移植後は食事の制限がなくなり、食べ放題とまではいかなくとも、「自由」の身となったからでもある。

しかし移植手術を受け退院する際に食事指導を受けてきているので、本来ならば、糖尿病食に近い食事を摂るよう言われた。

移植腎を守るために、食事には透析時よりいっそう気を使うようになった。すでに結婚していたので、夕食時の妻の健闘ぶりには目をみはるものがあった。

私と同じく料理にそれほど執心しない女《ひと》だが、退院後およそ一箇月は、たぶんこの女性との結婚生活では二度と訪れないと思われるほど、食材や盛りつけに気を配った移植用食事が食卓を飾った。出来不出来はべつとして、妻の心遣いが味を豊潤なものにした。

家庭料理というものをつい考えてしまう。家庭料理の味覚は一定していない。味噌汁ひとつにしても、たとえ具は似たような食材でも、味噌汁そのものの味は日々異なる。夫、妻を問わず作る者の気分、熱意、体調がすべて集約されてくるからだと考える。

二度と同じ味の料理はできない。そこがいちばん素晴しいところであろう。あとは作り手の料理・盛り付け上手かどうかが、食卓での雰囲気をある意味で決定づけるものである。

病院食で盛り付けを無視して出す所もあるが、ただでさえ味のない食事をおいしく見せるのは栄養士の心がけひとつであろう。盛り付けだけで、唾液腺がしびれて、おもわず唾液がでるほどのものだと、滋味深い、熟成した味が予想されるものである。食べてみて、まろやかさを感じるのは、そうした料理の見栄えも大きく関係していると思う。

食べる方も作る側も、互いの舌の味覚能力を早い目に確認するのが豊かな食事の秘訣である。おいしいものを作るにはおいしいものを食べるにかぎると言われている。これが通用する人と、美味はわかっても料理に反映できない人もいる。味覚に納得しても、その味覚を表現できるできないはべつなのである。

私、妻、娘二人の四人家族だが、この能力がいちばんに秀でているのは次女である。あとは男女を問わず失格。

独身生活のときに、外食先を決めることはできなかった。定食屋はどんなときにでも味がいっしょで、しまいには飽きてしまうからである。二、三軒、かけ持ちでまわってみても、店の味を舌が覚えてしまうと、暖簾をくぐる前に、味が口の中にはびこってしまって、嫌になるときがしばしばあった。自炊の、味にもなっていない味が、その恣意性ゆえに黄金色に思われたときもあるくらいだった。ときに家庭でのほかほかご飯がまずいと思われるときがある。その折には冷やご飯なら食べられる。病院ですっかり冷飯の味に慣れてしまったためであろう。ご飯じたいの宿す甘みが冷たさの中から浮き出てくる。

一日おきの透析となった現在、それほど水分や塩分に拘泥しなくとも、からだが「塩抜き」の味に慣れてしまっているので、私なりの普通食を食べている。野菜サラダなどにドレッシングはかけないし、ホウレンソウのおひたしにも醤油はいらない。食材そのものの味を満喫している。塩の濃度を舌が敏感に察知するので、味が濃いと一口だけであとは箸も口もつけない。

透析中に食べる食事は、からだの中を血流がまわっているからか、食欲をやたらと掻き立てて、いわゆるむさぼり食う状態となって、味は空腹を埋める触媒にしかすぎない。

さまざまな味覚は存在しているのであろうが、餓えさながらの空腹をいやすことしか頭に浮かばない。透析終了後も同じ状態である。四時間の透析でハーフ・マラソンの距離を走ったのと同じカロリーが消費されると言われている。お腹がペコペコの状態で帰宅して、とにもかくにも食べる。

こうしたことが一週間に三回、夜にくりかえされる。生きていくためだが、食欲に焦点を絞ったとすれば、獣的感性の中にわが身心の在処《ありか》を見出さざるをえない。さまざまな味覚を舌はとらえているのであろうが、味は言葉で表現されるのを拒絶して果てしなく食欲に翻弄されつづける。

五の皿　比喩で味わう　ことばと身体の深い関係

一　メタファーと味

味は舌で感じる。だがおいしさは脳で感じる。

舌には味蕾があり、その中に味細胞がある。そこに甘味、塩味、酸味、苦味、旨味のそれぞれに反応する受容体がある。いってみれば、味は一種の化学反応だ。実際その反応を目で見たわけではないけれど、私たちの身体は舌で味を感じるといっていいだろう。

しかし、舌からの情報が統合されて「おいしい」と判断するのは脳のレベルだ。それに受容器はいまのところ五種類としても、私たちが日ごろ食べ物を口にして感じる味は、単純な五つの味だけではない。ひとくちに「甘さ」といっても、「すっきりした甘さ」もあれば「まろやかな甘さ」もあり、「やさしい甘さ」もあれば「しつこい甘さ」もある。たとえ口に出して表現しなくても、誰もがなんとなく感じている味のバリエーションがある。こうした微妙な味の違いも、脳で感じているといっていいのではないか。本章でとりあげる比喩、つまり広い意味でのメタファーは、微妙な味のバリエーションを表現するのになくてはならない。

比喩というと、「きらびやかな言葉を駆使した、自由で想像力に富んだ表現」というイメージが強いかもしれないが、実際にはなかなかそうはいかない。たしかに優れた文筆家の手にかかれば、はまぐりひとつとっても、「一粒食べただけで深海の様相まで味わわされてしまうような、猛々しいほどの味の濃さだ」なんてことになる。だが、一般人にはとてもついていけない。「深海の様相まで味わうといっても、どんな味なのか想像できないからだ。多くの人に、大なり小なり似たようなイメージを喚起することのできるメタファーというと、その種類は多いようで少ない。特定の文脈で特定の人間にしか理解しがたいメタファーは、独創的ではあっても定着しない。一般的なメタファーは、それほど自由ではないのである。

それと比べると、ある特定の動物とその名前「イヌ」の関係は、ある意味でとても「自由」だ。その名が「イヌ」でなければならない理由はなかっただろう。少し乱暴な言い方をすれば、「ネコ」だって「サル」だってよかったはずだ。言語学ではこのような結びつきを「恣意的」な関係という。従来ことばの音と意味の関係は、恣意的なものが大半と考えられてきた。これに対して、認知言語学はことばと意味の綿密な結びつきを説く。言語は、人間の身体的特性とそれを前提とした経験的基盤を無視しては成り立たない。ことばと意味の結びつきにも、人間の身体的特性と日常の経験的基盤に動機づけられたものが少なくない。

たとえば机の天板を支える部分を「机の足」というとき、私たちは人間の足と机の足が「似ている」と感じる。この関係はほとんど必然的だといっていい。人間の足との機能的な類似性という、立派な理由があるからだ。このように、メタファーは言語表現のなかでも、「どうしてそう表現するのか」

の理由がはっきりしている部類に入る。逆にいうと、理由がはっきりしているからこそ、文字通りの表現でなくても理解可能となる。それは、ことばと意味とを結びつける「理由」が私たちに共通のものだからだ。「机の足」の場合のように、人でないものを人に見立てるという認識の様式を、私たちの誰もが共通に備えもっている。いわれてみればごく当たり前だが、日ごろ意識することはほとんどないだろう。メタファー表現を注意深く観察することは、私たちの意識下にある認識の様式を明らかにすることにつながるのである。

話を「味」に戻そう。味に関するメタファー表現からは、私たちのどのような認識の様式が見えてくるだろうか。人でないものを人に見立てるパタンは、味に関する数多くのメタファー表現にも反映される。たとえば「やさしい甘さ」や「しつこい甘さ」がそうだ。「やさしい」や「しつこい」という形容詞は、ふつう人の性格に関して用いられるだろう。それが味に転用され、自然な表現として一般に受け入れられている。このことは、味を人に見立てるメタファー、つまり「味は人」という認識が一般的であることを示している。そうでなければ、「やさしい甘さ」や「しつこい甘さ」といった表現は、文脈なしには理解しにくかっただろうし、表現として定着することもなかっただろう。ここでは「味は人」なのだ。

「味は人である」のように認識の基本様式を表すメタファーを、認知言語学では「概念メタファー」という。個々のメタファー表現の基盤となる、私たちの概念形成に関わるメタファー様式だと理解していい。ある概念メタファーをベースにした表現が多ければ多いほど、その概念メタファーの影響力は大きいことになる。他の概念メタファーとの結びつきや、類似の概念メタファーの多彩さも重要な尺度となる。

「味は人である」も、この概念メタファーだけが独立して存在しているのではない。もともとこのタイプは、「味は生きものである」という概念メタファーの下位類のひとつと分類するのが正しい。「味は生きものである」の影響は、より多くの味の表現に反映されている。「味を閉じこめる」や「旨味を逃がさない」という表現にも、味を自分の意志をもって自由に動きまわる生きものとする見立てがはっきりしている。基本的だからこそ、普段メタファーとして意識されることすらないといってもいい。この基本メタファーをベースに、「味の強弱」や「味と味との戦い」などといった多彩なメタファー表現が展開する。

「味は生きものである」を基本として展開するメタファーについては、「味ことばの隠し味」（『ことばは味を超える』所収）で詳しい分析を試みたので、ここではこれ以上触れない。ただ、私たちにとってより根源的な認識の様式に基づくメタファーほど、自然な表現として定着していて、その種類も多いことを強調しておきたい。

二　味の出入り

この章では、味ことばのメタファーにおける立体性に焦点をあてる。立体を思わせることばで、味を表す表現といえば、「奥行きのある味」「深い旨味」「味の重なり」などが思い浮かぶ。こうした表現は、どのような認識の様式に基づくと考えられるだろうか。それらは共通なのか、それともそれぞれ別なのか。なかでも基本的な「味の出入り」のメタファーから見ていくことにしよう。

たとえば、次のような表現がある。

○火を通すと、甘みが出てくるところがパプリカの特徴でしょう

あまりに自然な表現なので、メタファーとは思われないかもしれない。だが、「出てくる」は立派なメタファー表現だ。しかも、このシンプルな表現を成り立たせている概念メタファーはひとつではない。まず根底には、「味はものである」がある。形を持たず、手にとることも目で見ることもできない「味」。それを「水分」や「脂」と同じ、「もの」に見立てる。食材から水分や脂が出てくるのと同じように、「味」が食材から「出てくる」と見るのである。

では、「出てくる」まえの味はどこにあるのか。もちろん食材の中だ。つまり食材は「味の入れ物」と見立てられているのである。パプリカという入れ物の中に入っているだけでは、食べても甘みは感じられない。それを外にひっぱり出してはじめて、私たちはパプリカの甘みを味わうことができる。

科学的には、加熱によってパプリカに何らかの化学変化が生じ、甘味物質が発現したということにおそらくなるのだろう。甘味という物体があって、それがパプリカの中から外に出てきたのでは決してない。なのに「甘味が出てくる」という表現は、じつに効果的に「甘くなる」という状態の変化を表すことができる。次の例で、その自然さを実験してみよう。

○こうやって、火にかけて時間がたつと、野菜の甘みとワインの酸みと肉汁が絡み合って、えも

いわれぬ妖美な味に変わっていくんです

（斎須政雄『十皿の料理』）

ここの「妖美な味に変わっていくんです」を、「妖美な味が出てくるんです」に変えてみる。果たして伝わってくるニュアンスは、両方ともほぼ同じように感じられる。そう感じるのは、状態の変化をものの移動と見る認識の様式を、私たちの誰もがもっているからだ。概念メタファーで表せば、「状態の変化はものの移動である」となる。

「味が出る」は、状態の変化を移動で表すメタファーの一種と考えていい。いままでとは違う状態になることを、何かが「出る」「出てくる」という。たとえば、「元気が出る」というのは、元気のない状態から元気のある状態への変化を表す。「症状が出る」や「余裕が出る」も同じように説明できる。移動のなかでも、「内から外へ」の移動が重要だ。いままで見られなかった特徴が現れることをいう場合、「見えない所」から「見える所」へのものの動きに喩えられることが多い。だから「出る」や「出てくる」が、表現として最適なのだ。

「甘みが出てくる」は、このように少なくとも三種類の概念メタファーを基盤として成り立つ。

（一）味はものである
（二）食材は入れ物である
（三）状態の変化は内から外への移動である

これで「味が出る」ほうはわかったが、反対方向の「味が入る」はどうだろうか。よく使われるのは、圧倒的に「味が出る」タイプのほうだが、違いは方向性だけではない。たとえば次のような例がある。

○煮込みのとき、肉を塩でマリネして余分な水分を破水させて旨みを凝縮させると、ブイヨンとかフォンをよく吸ってくれる。肉の中まで味が入るんです

（『MISTRAL』第二八号二〇〇四年冬号）

「味が入る」は、右の例のように煮込み料理や煮物の文脈で使われるのが典型的だ。煮汁が食材にしみ込み、素材の表面だけでなく、内部にも煮汁の味がつく。そのことを「味が入る」という。「外から内へ」の移動だから、「味が出る」の逆パタンだとすると、味が見えなくなって「味がなくなる」ことを意味するはずだが、実際はそうではない。「元気がなくなる」ことを、「元気が入る」といわないのと同じように、「味が入る」は「味が出る」と表裏一体の表現ではない。それは「外から内へ」の移動と「内から外へ」の移動のメタファーが完全に表裏一体ではないからである。

「内から外へ」のメタファーは、見えない場所から見える場所への移動、つまり「出現」のイメージが強い。しかし、逆に「外から内へ」移動しても、見えなくなって「消失」するとは限らない。ブイヨンやフォンの味は肉の中まで入っても、食べて味わうことができる。つまり、味は「外から内へ」移動しても、ある意味でその存在が「見えて」いるのである。いったん存在が確認されたものは、た

とえ一時的に姿が見えなくなっても、ふつう「在る」と認識される。このパタンが、味にも当てはまる。

「味の出入り」といっても、「味が出る」と「味が入る」では基盤となる概念メタファーに若干の違いがあることがわかった。どちらも、味をものとするメタファー、食材を入れ物に見立てるメタファー、そして状態の変化を移動に見立てるメタファーに基づいている。だが、「味が出る」が「内から外へ」の移動であるのに対して、「味が入る」は「外から内へ」の移動を表す。「味が入る」によって表される状態の変化が、「味が出る」の場合ほど劇的でないのは、この移動方向の違いと私たちの解釈の差によるといえるだろう。

さて、「味が出る」と「味が入る」の違いが明らかになったところで、改めて「味が出る」タイプの表現を詳しくみていこう。個々の表現の特徴から、どのような認識の様式を想定することができるだろうか。

動詞のバリエーションとしては、おもに「出る」「出てくる」「引き出す」の三つ。「引き出す」は他動詞だから、外部からの働きかけが他の二つよりはっきりしているだろう。「出る」と「出てくる」には、食材から味が自分で出てくるという、自動詞的な認識が見える。ということは、「味は生きものである」の影響もあるということだろう。とくに料理の作り手のことばは、食材を生きものに見立てる傾向が強い。毎日食材と真剣に向き合うプロの料理人にとっては、きわめて自然な捉え方だろう。

○フュメ・ド・ポワソンはおいておくと魚のよどんだ生ぐさみが出る

○玉ねぎとにんじん、エシャロット、にんにく、ブーケガルニをバターで焦がさないようにゆっくりと炒めます。〔…〕こうやって炒めると、濃い甘味がじんわりと出てきます
（斎須政雄『十皿の料理』）

○少量のイーストで長時間発酵してますので、パン本来の味が引き出せていると思います
（『月刊京都』二〇〇四年九月号）

しかし、右の料理人のことばをみると、彼らが素材の「味を出す」ために何らかの働きかけをしていることがわかる。「味は生きもの」とはいえ、やはり「味が出る」ためには、何らかの働きかけも必要だ。「おいて」おいたり、「ゆっくり炒め」たり、「長時間発酵」させたりして、はじめて味が出てくる。「味が出る」タイプの表現は、こうした働きかけの要素と切っても切れない。たとえ表面的には現れていなくても、文脈から感じとれる場合がほとんどだ。味はすぐ手の届くところにあるのではなく、こちらが何らかの努力をしなければ、出てきてくれない。そう簡単に結果は得られない。ここには、状態の変化のために必要な、ある一定の時間が前提とされている。概念メタファー「状態の変化は移動である」は、この「時間」を「距離」に見立てる認識様式なのである。

料理をつくる側だけでなく、料理を食べる側の視点でも、「味が出る」にはやはり時間のニュアンスが伴う。たとえば「ラトリエ・ドゥ・ジョエル・ロブション」のバゲットの味は次のように評されている。

○皮は薄く、キャラメリゼされたような焼き色。クリーム色のクラムには不規則な丸い気泡がたくさん入り、ツヤツヤと光っている。食感はもっちり。噛んでいるとどんどん甘みが出てくる。

（『料理王国』二〇〇四年九月号）

これと似た表現として、「噛めば噛むほど味が出る」という定型表現がある。当たり前といえば当たり前のことだが、よく噛むことは食べ物がより長く口の中にあることを意味する。そして、よく噛むことによってはじめて感じられるおいしさがある。それを放っておく手はない。それなら、時間をかけて噛むしかない。

じつは、咀嚼することと味を感じることには、私たちの身体的な特徴が大きく関わっている。おいしさの研究の第一人者である山口静子は、咀嚼の意味を次のように解説してくれる。

味は水や唾液に溶けた味物質が味蕾を刺激することによって引き起こされる。味蕾は舌先端にある茸状乳頭では味物質が到達しやすい上部に存在するが、舌側後部にある葉状乳頭や有郭乳頭では舌を動かさないと到達しにくい襞のくぼみの内側に隠れるように存在している。また、舌の中央部には味蕾はあまり存在しない。このような味蕾の存在位置は味を感じるために無意識のうちに舌を動かして味蕾の存在する舌周辺の、歯や口腔の奥の方向に食物を移動させ、咀嚼を促す効果をもつ。

（伏木亨編著『食品と味』一九二頁）

時間をかけてよく嚙まなければ、味物質は味蕾に到達できない。そして、よく嚙むという行為そのものが、味蕾の位置する場所が口の奥のほうであることから、必要不可欠な行為だったのである。こうした科学的裏付けは、ことばが私たちの身体的特性の影響をうけて成り立っていることを、より明確に示してくれる。

味以外の文脈にも展開した「嚙めば嚙むほど味が出る」という慣用句が、「時間をかけて相手のことを知るほどに、その人の良さがわかってくる」という意味で定着したのも、決して偶然ではない。また、「出る」のごく一般的なメタファー表現にも、時間のニュアンスが潜んでいる。たとえば私の友人Tは、贔屓のテノール歌手の声に関して、次のようにつぶやく。

○最近彼の声に、持って生まれた明るさに加えて、豊かな表現力が出てきた気がする

「豊かな表現力」が、すぐには「出てこない」ことを、私たちは知っている。だから、はっきりそうといわれなくても、そのために必要だった経験と努力、かかった時間を感じとるのである。「出る」という内から外への移動の表現が、この時間のニュアンスをごく自然に表してくれる。

「味が出る」と一緒に使われることの多いことばとして、「本来の味」というフレーズがある。

○練磨した技法により、菓子本来の味を出すよう心がけております

○良い米で出来た塩煎餅本来の味を出すには、やはり炭火です

○食材本来の味を引き出すキッチン用品
○野菜本来の味を引き出すことに成功した
○コーヒー本来の味を引き出すポイント

この結びつきは、かなり相性がいいようで、右のような例はあちこちに見つかる。「本来の味」とは、素材がもともと持っている味、その素材の味の特徴としてもっとも重要な要素、といっていいだろう。そういった味はふつうの状態では、つまり努力なくしては「出てこない」。それを、何らかの働きかけにより、ひっぱり「出してくる」のである。だとすると、「本来の味」というものは、素材という「入れ物」の中でも、かなり奥のほうに入っていると認識されているのではないだろうか。奥のほうにあるものはひっぱり出すのが大変だ。手間がかかる。「出す」「引き出す」は、この時間の感覚をそれとなく感じさせてくれる表現なのだ。

「味が出る」という一見シンプルな表現にも、様々な認識の様式が反映されていることがわかった。なかでも、ある一定の「時間」を「内から外へ」の移動に見立てる様式は興味深い。他にもこの認識のパタンに基づく表現はないだろうか。以下では、味を表すことばの中に、その影響を探っていく。

三 味の深さ

「深い味」や「深い味わい」も、味を表現することばとして、とてもポピュラーなもののひとつだ。たとえば、「パティスリー・ノリエット」の永井紀之は、イチゴタルトなどはできたてよりも、しばらく時間をおいてからのほうがおいしくなることを、次のように説明してくれる。

○焼きたてのタルト台に生のイチゴをのせて、それをすぐ食べるのではなく、イチゴとタルト、それに上にかけたジャムの糖度の違いにより、イチゴから水分が出て、それがタルト生地に吸われて少ししっとりしたくらいのほうが、そのおいしさが十分に味わえるのではないか。もちろん見た目の美しさは多少悪くなっているけれど、生地とイチゴが十分一体化したもののほうが、深い旨味があると思う

（永井紀之『パティシエ　フランス菓子職人の仕事』）

また、日本では「工場直送」が売りになるビールだが、イギリスにはオールド・エールという長期熟成のビールがある。その味わいもどうやら「深い」ものらしい。

○とろっとした舌触りで、カシスを思わせる風味がある。そして、ジワッと低音で響くホップの苦味がきいて、じつに味わい深い

（渡辺純『ビール大全』）

さらに、マイナス八度Cで五年間じっくり熟成された日本酒「梵」の超吟も、「素晴らしい香りと深い味が感動を呼ぶ、日本の酒文化を代表する珠玉の名酒である」とのことである。どうやら「深い」は、時間をかけて完成に至る食べ物との相性がいいらしい。だが、どうやって作られたかを知らなくても、「深い味」ということはできる。口に入れてからのプロセスに、「深さ」を感じる何かがある。

手がかりは、「深い味」と結びつくことばにあるはずだ。インターネットの検索エンジンを利用して、甘味、塩味、酸味、苦味、旨味の五つと「深い」との相性を調べてみた。すると予想もしなかった差が明らかになった。ダントツのヒット件数第一位は、「深い旨味（旨み・うま味・うまみ）」で一七二四件。続いて「深い甘味（甘み）」が、ヒット件数九八八件で二位につける。第三位の「深い苦味」になると、「深い甘味」のおよそ半分の四四七件がヒットした。四位の「深い酸味」では、八二件と「深い苦み」の五分の一にまでガクッと下がる。五位の「深い塩味」はさらにその半分の四〇件。

インターネットの検索結果が、データとして信頼に価するかどうか、賛否両論があるかもしれない。しかし、いまや検索可能なデータの量とジャンルの多様さからして、検索エンジンが無視できないツールであることはたしかだ。それに今回の検索結果では、「深い」と五味（甘味・塩味・苦味・酸味・旨味）それぞれの結びつきの違いが、鮮やかに示された。議論を進めていくための足がかりとして、十分有効だと考えていいだろう。

順位	表　　現	ヒット件数
1	深い旨味・旨み・うま味・うまみ	1724
2	深い甘味・甘み・あまみ	988
3	深い苦味・苦み	447
4	深い酸味	82
5	深い塩味	40

さて右の結果からすると、「深い」と「旨味」「甘味」「苦味」の結びつきは、ある程度定着しているようだ。それに対して、「酸味」と「塩味」はあまり「深い」とはいわれない。いわれてみれば、たしかにそうだ。自分でも「深い酸味」なんてあまりいいそうにない。だが、どうしていわないのだろうか。

いわない理由として、味を感じるときにかかる「時間」が関係するという仮説をたててみよう。つまり、味を感じるまでの時間の「長さ」を「深さ」に見立てているのではないかという仮説である。たとえば、レモンを口にして「酸っぱい」と感じるときを思い出してほしい。レモンは酸っぱいものだとわかっているのに、口に含んだとたんに思わず「酸っぱ（い）！」といってしまう。それはもう「瞬時」だ。それに比べると、食べたことのない外国みやげのお菓子をひと口食べて、桁違いの甘さに驚き「甘（い）っ」というときは、もうひと呼吸あるように思う。「甘さ」は後から来るような気がするのだが。ほんとうにそうなのだろうか。専門家の意見をきいてみよう。

味の性質を調べる方法の一つに、官能評価法とよばれるものがあります。官能評価の専門家たちは、試料を口に含み、口の中に満遍なく行きわたらせてから吐き出し（あるいは飲み込む）、その後、口の中で感じる味の変化を調べて、時間経過による味の強さの変化も調べます。
この官能評価法によると、酸味は口に含んだとたんに強い味が口の中に広がりますが、その後、急速に口の中から消えていきます。塩味は酸味よりもやや長く持続します。

（日本味と匂学会編『味のなんでも小辞典』五七頁）

酸味の反応が早いことは、官能評価の専門家からも支持されている。同時にこの引用からは、味の持続時間も重要な要因として関わる可能性が見える。では甘味は、どのように感じられるのだろうか。大脳生理学の分野では、味を感じる脳のしくみの研究が進められている。その研究成果のひとつに、

「深い甘味」の謎を解く鍵をみつけた。この分野の第一人者である山本隆の『美味の構造』に、次のような記述がある。ある特定の味を感じるとき、脳のどの部位に活動が見られるかを調べる実験について述べた箇所だ。

我々の実験では、クエン酸（すっぱくてまずい）と蔗糖（甘くておいしい）を味刺激として用いたところ、両刺激により第一次味覚野がまず興奮することがわかった。クエン酸は蔗糖より早く活動を開始させ、その活動の持続時間が短いことがわかった。甘い味はゆっくり感じて、ダラダラと長く続くということにもなる。

（山本隆『美味の構造』一三九頁）

酸味と甘味の反応時間に、明確な差があることがわかった。反応時間の短い酸味は「深い」と結びつきにくい。逆に反応時間の長い甘味は、「深い」との相性がとてもいい。これは偶然ではないだろう。「深い味」では、味の反応時間の長さが「深さ」に見立てられているといっていいのではないか。では旨味の反応時間はどうだろうか。じつは、他の基本味とくらべて口の中に残りやすいといわれているのが、この旨味なのである。

うま味は、まず口に含んだときに感じ、吐き出したとき（あるいは飲み込んだとき）にもう一度感じ、それが長く持続するのが特徴です。これは一般にあと味といわれているもので、うま味のあるスープや、だしの利いた煮物などを食べたあと、口の中に余韻が残るのは、うま味物質のこのような特徴によるものです。

（日本味と匂学会編『味のなんでも小辞典』五七頁）

旨味の反応の持続時間がもっとも長いことは、「時間の長さ」を「深さ」に見立てるメタファーの存在を、さらに支持してくれる。だが、反応時間の長さイコール「深い」との相性のよさとなるほど、物事は単純ではない。人は味の判断にも、様々な他の情報の影響を否応なく受けるようだ。

動物と違って、甘いとかおいしいとかのみでなく、ヒトはいろいろなことを思い浮かべるのか、単に甘い砂糖水を味わってもらうだけで、いろいろな脳部位が活動するのである。

（山本隆『美味の構造』一三八頁）

たとえば、苦味は旨味と同じように長く持続する。なのに「深い苦味」という表現は、インターネットの検索結果では「深い甘味」の半分を下回るほどのヒット件数しかない。これにはいくつか理由がありそうだ。まず、「深い味」がおいしさを表す表現であるということがある。動物のレベルでは、苦味は毒を意味する。苦味をおいしいと感じるのは人間くらいのものだろう。人間だって、どんな苦味でもおいしいと感じるわけではない。薬の苦味は、ずっと口の中に残って誰だっていやだ。

「深い苦味」の検索結果で、「深い苦味」が一体何の味を説明しているのかを調べてみた。すると、そのほとんどがコーヒー、ビール、チョコレートなど、狭い範囲に限られていた。これらの食品では、ある程度の苦味が食品全体のおいしさを引き上げる。「深い苦味」は、こうした限られた文脈でしか活躍できないのである。だから反応時間は長いにもかかわらず、表現としては「深い甘味」の半分以下しか使われないということになる。

また、塩味は酸味より長く持続する。なのに「深い塩味」は、「深い酸味」よりもさらに稀にしか使われない。健康志向の現代では、それもとくに日本では、さもありなんという結果だろう。塩味は、おいしさの脇役にはなれても、主役にはなれない。

以上の分析から、味の反応時間が「深さ」に見立てられるという仮説に説得力が出てきた。しかし、なぜ「深さ」なのだろうか。時間を距離に見立てるなら、「長さ」や「高さ」という選択肢もある。なのに「長い味」や「高い味」とはいわずに、「深い味」というのはどうしてだろうか。「味が深まる」「味が深くなる」などの動詞の用法に、その理由を探してみよう。

○噛む程に味が深まるパンとでも言いますか！

「噛めば噛むほど」は、「味が深まる」とセットで使われることが少なくない。噛むことの意義は、「味が出る」のところですでに解説した。旨味成分に関してもほぼ同じことがあてはまる。たとえば、ハード系のパンやスルメなどの弾力のある食材を何度も噛むと、自然と噛みしめることになる。すると結果的に、旨味成分を長く味わうことになる。また、ごはんはよく噛むと、唾液中の消化酵素が働いてデンプンが麦芽糖に分解され、甘く感じるという。旨味や甘味は反応時間が長いのだから、その味わいを「味が深まる」という表現で効果的に表すことができる。

○鍋はいろんな食材の融合でもって味が深まる

似通った味を混ぜると、味の増強効果といって味が強くなる。とくに昆布のうま味物質（グルタミン酸）と肉や魚のうま味物質（イノシン酸）が混ざると、味の相乗効果といって一段とうま味が増強される。鍋の「味が深まる」のも旨味成分のなせる技なのだ。やっぱりここでも、「味の深まり」は味の反応時間が長くなることを表しているといえるだろう。

熟成もまた「味が深まる」ことを意味する。食材によって違いはあるが、熟成は一般に次のように定義される。

適当な温度・条件の下で長時間放置して、ゆっくりと化学変化を行わせたり、調整したりして、味にうまみがでること。

（月桂冠ホームページ「お酒の事典」）

ここで、このセクションのはじめに挙げた例をもう一度見てほしい。完成までに時間を要する食品と、「味の深さ」の結びつきに言及したはずだ。イチゴタルトにオールドエール、そして「梵」の超吟も、一定の時間を置くことによって「深い味」になる。熟成によって「うまみがで」て、味の持続時間は長くなるからだ。

この「旨味が出る」という認識が「深い」につながる。つまり、食材という「入れ物」から旨味が出てくるという認識がまずあり、それにかかる時間を距離に見立てる。となれば「長さ」や「高さ」ではなく、「入れ物」の表面からの距離を表す「深さ」が最適だ。「深さ」でなければならない理由はここにある。「味が出る」というメタファー表現があって初めて、「味の深さ」を語ることができる。それほど密接に、この二つのタイプは結びついているといえる。

四　味の奥行き、味の底

「深さ」というと、鉛直方向のみをいうと誤解されがちだが、水平方向の奥行きをいう「深さ」もある。たとえば、「深い洞窟」「深いトンネル」などがそうだ。このことから、「味の奥行き」も、味の反応時間の「長さ」を、「深さ」に見立てるメタファーの展開型とみなすことができる。たとえば、樹齢百年のりんごの木から採れたりんごの味は、次のように説明されている。

○若い樹のりんごが、直接的な味わいならば、古木のリンゴはカドがとれた落ち着きのある味わい。緻密な果肉からじゅわっとあふれる果汁は、酸味の奥に深い甘みがあって、力強さを感じさせます。（Oisix 通信ホームページより）

甘味よりも酸味のほうが、早く感じられ、その味はサッと消える。甘味はゆっくり感じて、あと味も長く続く。この反応の時間差が、「奥に」ということばで捉えられている。

「味の奥」「味の奥行き」もまた、「時間の長さ」を「距離」に見立てるメタファーの仲間と考えられる。あと味が長く続くことを、「奥行きがある」と表すのだ。だから、だしの味をいうのに「奥行き」ということばを使うのは、このメタファーにのっとった自然なパタンだといえる。

〇昆布を用いるのは、スープの奥行きと、栄養のバランス、そして昆布のアクを寄せる力に頼るゆえです

（辰巳芳子『旬をあじわう』）

ためしに、「深い」のときと同じように、「奥行きのある」と基本五味の組み合わせをインターネットで検索してみた。「深い」の場合とはヒット件数が桁違いに少ないが、順位に変動はなかった。やはり「奥行きのある旨味」がもっとも多い。「奥行きのある酸味」は五件、「奥行きのある塩味」にいたってはたったの一件しかみつからなかった。これはもう「使わない」組み合わせだとみなしていい。

また、あるワインの味の特徴が「奥」を使って次のように表現されている。

〇赤いベリー系果実の爽やかさのある、「自然」な味わいでした。優しい口当たりの奥に、フィネス（＝上品さ）が感じられる、キュートな魅力に溢れたワインだったのです。ひと口飲んだだけでは分らない、本来のサンテミリオンらしい味わいに久しぶりに出会えて、僕は深い感慨に浸りました

（『料理王国』二〇〇四年二月号）

これは、優しい口当たりを感じた後にフィネスを感じるということだろう。二つの味の特徴の時間的

な前後関係が、「奥」という立体的な距離感によって表現されている。この時間差は、次の例では少し抽象的な印象をおびる。

○辛い国の料理の本質は、辛さの奥にあるおいしさにあるのかもしれない　（伏木亨『グルメの話』）

「底」もまた、二つ以上の味を感じるときの時間差を、うまく表現することのできることばだ。ベルギーには、ランビックという人の手の加わらない自然発酵のビールがある。次の例は、各国のビールを飲み尽くした著者が、その中のひとつカンティヨン・グーズ・ランビックを初めて飲んだときの印象を語っている箇所だ。

○初めて飲んだときは、思わず「すっぱーい！」と大きな声をあげたが、そのすっぱさの底にやさしいまろやかな味が隠れている　（渡辺純『ビール大全』）

「底」にはもともと「入れ物」のイメージが強い。だから「底が深い」というように、「深さ」ともごく自然につながる。また、「味が隠れている」も「深さ」や「底」とのかかわり抜きには語れない。「深さ」は、ある種の「不透明さ」も表すことができる。「霧が深い」や「山深い」などにみられる、外から見通しにくいという意味の「深さ」だ。入れ物の底などは、絶好の「隠れ場所」だろう。このような認識があるからこそ、「隠し味」という言い回しも定着したのだろう。「隠し味」がすぐ見つかってはもともこもない。はじめは見えない所に隠しておいて、食べる人に時間をかけてその存在を探してもらわなくてはならない。

「底」は「入れ物」の「奥」にあるものだから、「奥」や「奥行き」とも密接な関係にある。この二つを合わせると「奥底」になるが、この語は「心」や「記憶」といった抽象的なものに関して用いられることが多い。「底」というよりずっと「深さ」が感じられるのは、「外から見えにくい」というニュアンスが、さらに加わるからだろう。

メタファーはまだまだ展開する。「味の重なり」は、食べていくうちに次々と微妙な味の違いが感じられることを表す。次の例では、高級食材として有名なフランスの茸、モリーユを使った料理の味が効果的にとらえられている。

○茸類はどれもみな、スポンジのように水分を吸いとる組成だが、モリーユの場合、ひだが多くしかも中は空洞なので、バターやソース、クリームをたくさん吸う。それで、口にするとモリーユが吸ったバターやソースとモリーユ自体のうまみとが出てきて、何層にも複雑に重なった濃厚なおいしさが味わえるというわけだ（相原由美子『おいしいフランス』）

「重なる」ことによって、そこに「深さ」を見出すことができる。それはすぐあとの「濃厚なおいしさ」にみられる「厚さ」にも共通する。「厚い」ということは、表面からの距離があるということだからだ。また「味の濃さ」も、「色の濃さ」から「深い色」の「深さ」とつながる。ここには先にも言及した「不透明さ」がかかわっているのだろう。

このように「味の深さ」のみならず、「味の奥行き」や「味の底」「味の重なり」「味が隠れる」「味の濃厚さ」といった表現のベースにも、時間の長さを距離に見立てるメタファーが生きている。ある概念メタファーの影響力の大きさや、根源性の度合いは、それを基盤に展開する類似のメタファーの数によって判断される。身体的な味の反応時間を、「深さ」や「奥行き」に代表される立体的な距離感で表現するメタファーの影響力は、かなりのものだといっていい。

このメタファーは、単なる味の描写を超えて、味わうという行為自体を表現することさえある。たとえば、味を「深さ」や「奥行き」で表す際、よく一緒にお目にかかるフレーズとして、次のようなものがある。

○ひと口味わっただけではわからない
○初めてたべたときは、わからなかったが

これらは、「深い味」や「奥行きの味」を味わうためには、こちらにも心構えが必要であることをほのめかす。ろくに噛むこともせず、すぐ呑み込んでしまうような食べかたでは、こうした味は理解できない。まずは、ゆっくりと時間をかけること。心に余裕をもつことが大切だ。

○昭和七年の開店以来、変わることなく愛され続けてきたこの店のコーヒーは、濃そうに見えて、意外なほどまろやかで、あと口がすっきりしている。タイムスリップしたかのような店の雰囲気もあいまって、じっくりと腰を落ち着けて味わいたくなるような深みがある。

（『月刊京都』二〇〇四年九月号）

深いところや奥まったところは、容易にはたどり着けない。時間と、時間だけでなく努力の必要も示唆される。この点については、味以外の文脈においても共通の認識が感じられる。だから、音楽の演奏を評して「聴けば聴くほど味が深まる」ということも可能なのだろう。また、「奥義」ということばには、この認識のエッセンスともいうべきものを感じずにはいられない。

食べたものの味を表現するとき、私たちは、身体で感じた印象をできるだけ忠実にことばに置き換えようとする。それは昔から、ずっと変わっていないのではないか。科学が発達するはるか前からことばは存在し、味は伝えられてきた。そのなかで定着した表現もあれば、しないまま終わった表現もあったろう。だが定着した表現には、身体の感覚がうまく反映されているのではないだろうか。だからこそ多くの人が共感し、定着したに違いない。「味が出る」にはじまり、「深い味」「味が深まる」、さらに「味の奥行き」「味の底」「味の重なり」まで、これらの表現には一環して「時間」の認識が反映されていた。身体が感じる「時間」とそれにともなう「状態の変化」が、立体をイメージさせる「距離」に見立てられるのだ。この立体感は「入れ物」のイメージだが、味だけでなく、感じる身体そのものが「入れ物」と見立てられているようにも思える。味の世界はまだまだ深い。

六の皿　語りで味わう　味ことばの謎とフィクションの構造

一　「おいしい」としか言いようがないはずなのに——味覚に関するふたつの謎

料理を口にしたレポーターが一瞬の間をおいて、「おいしいですねー」と驚いた口ぶりで感想を述べる。グルメ番組ではおなじみの光景である。画面には、料理がおいしそうに映し出されている。しかし、コメントはさえない。「おいしい」以外に適当な表現が思いつかず、「うーん、これはことばになりません」ということさえある。茶の間のこちらは、画面の料理を食べられないという恨みも募って、「だから、どうおいしいの?・」と突っ込みたくなる。料理を紹介する番組には、そのようなことがしばしば起こる。

もっとも、報道する側がつねに工夫を欠いているわけではない。おいしさを効果的に伝えようと腐心するまじめなレポーターにとって、「おいしい」は禁句である。たとえば、ある地方局の番組審議会は次のように述べている。

料理のコーナーで、二人がコメントで「おいしい」といわずにおいしさを伝えようとして、どういう食感なのかを説明しているところが、好感が持てます。

（第五八回高知さんさんテレビ番組審議会議事録）

おいしさをうまく伝えてほしいという茶の間側の欲求を、テレビ局はじゅうぶんに理解しているようである。にもかかわらず「おいしい」とコメントするだけのレポーターは後をたたない。なぜだろうか。

よくよく考えてみると、「おいしい」としかいわないのは無策のレポーターにかぎられたことではない。たとえば、食卓でうまいものにありついたとき、その味についてすかさずコメントを加えることは家庭の円満に不可欠だが、その際、私たちはどのような表現を用いるだろうか。「おいしい」と「うまい」の二語で表現が尽きるという向きがほとんどではないだろうか。女性なら、さらに「うまい」は使いづらい。

二の皿の山本隆はいう。

私は、おいしいものはおいしいのであって、おいしいとしか表現できないのではないかと悟っている。

（山本隆『美味の構造』）

おいしさを実感しながらそれを具体的に表現するのはむずかしい。料理番組のレポーターにしろ、食卓での私たちにしろ、今まさに経験している味覚体験を「おいしい」に頼らずに言語化しようとすれば、いきおい表現に窮する。
その第一の理由として、おいしさを表す基本語彙が少ないことが挙げられる。しかし、そのことがすべてを説明するわけではない。事実、あまりにおいしいものを食べたときは、「おいしい」すら奪われてしまう。うっとりと目を閉じて、美味の感覚に身を任せる場合がそうである。おいしさは、本来、話し手を寡黙にする。そこをあえて言語化しようとすれば、おいしいものはおいしい、としか言いようがないのかもしれない。
では、おいしさに関して私たちはいっさいの表現努力を放棄しているだろうか。
もちろん、そのようなことはない。おいしさの表現はむずかしい。にもかかわらず、味覚をめぐる表現は実に豊富に存在する。一の皿の瀬戸賢一はいう。

味ことばは豊かである。味そのものより豊かである。

(瀬戸賢一(編著)『ことばは味を超える』)

味覚に対する表現欲求は、味覚の基本語彙が少ないという事実を乗り越え、大きな流れとなって豊かな表現の海へと注ぐ。食べ物紀行や料理エッセイ、商品の紹介や宣伝、果てはインターネット上の「グルメ日記」にいたるまで、私たちの身の回りは味覚の表現に満ちあふれている。たとえば、次のような表現がその例である。

○軽快で滑らかな味わいの中にしっかりとした飲み応え。その後から甘酸っぱい香りが波のようにゆらゆらと口に広がる。

（金関亜紀『「日本全国うまい焼酎」虎の巻』）

○実際に煎れてもらうと、その輝くような水色《すいしょく》に胸躍る。ルビーにも似た深い赤［中略］。一口いただくと、蜜のような甘い香りが鼻腔を抜ける。華やかな香気に負けない、どっしりとした味わいである。やや渋みが強いのは、タンニンが多く含まれているせいだが、むしろ、その渋みが重厚な印象を残す。

（森武佳津枝「九州の紅茶」『プリーズ』二〇八号（ＪＲ九州））

○口に入れてしばらく味わっていると、その奥深い濃い味の中にトロッとするようなコク味がある。そして、誠に上品な甘味が濃い。［中略］

ひとつひとつのきめの細かい上品な味が淡味となって集合し、それが幾つも集まって濃味を築いているものだから、濃いうま味なのだがむしろ淡く感じて切れ味がよい。

（小泉武夫『食あれば楽あり』）

右の例は、「トカラ海峡」という名の芋焼酎、鹿児島県産の紅茶「べにふうき」、そして沖縄のエラブー汁についてそれぞれ述べている。南方の味覚でまとめてみた。

まず、海にちなんだ名の焼酎には波の比喩がよくあう。同種の酒を一覧しながら区別する際には有効な方法である。次に、「べにふうき」の説明は、色あい・香り・味といった紅茶の味わいを語るのに必要な三要素を知覚の順序にしたがって記述した。最後に、エラブー汁のエラブーとは海蛇のことである。コクがあって濃厚なのに切れがあるという、不思議な味のしくみを細かに分析している。どの例も、味の特徴をたくみにとらえている。

ここで注目したいのは、「おいしいものはおいしいとしか言いようがない」という諦念が一般に受け入れられているにもかかわらず、おいしさの表現はその一方で豊かに展開している、という逆説的な現実である。美味の表現にまつわる困難を私たちはどのように乗り越えているのだろうか。これがこの章で問いたいひとつ目の謎である。

味覚表現についてさらに考えたいことがある。日常の食卓の文脈ではあきらかに不自然と思える表現が、小説や漫画などのフィクションでは散見されるからだ。それらの表現はたいてい多弁で、おいしいものはおいしいとしか言いようがない、という日常の真理からかけ離れている。たとえば、次の文章は開高健の短編の一節で、一の皿で瀬戸が味ことばの豊かさを示すために引いたものである。ワインの味わいが存分に語られている。

〇いい酒だ。よく成熟している。肌理《きめ》がこまかく、すべすべしていて、くちびるや舌に羽毛のように乗ってくれる。ころがしても、漉《こ》しても、砕いても、崩れるところがない。さいごに咽喉へごくりとやるときにも、滴が崖をころがりおちる瞬間に見せるものをすかさず眺めようとするが、のびのびしていて、まったく乱れない。若くて、どこもかしこも張りきって、溌剌としているのに、艶《つや》やかな豊満がある。円熟しているのに清淡で爽やかである。つつましやかに微笑しつつ、ときどきそれと気づかずに奔放さを閃かすようでもある。咽喉へ送って消えてしまったあとでふとそれと気がつくような展開もある。（開高健「ロマネ・コンティ・一九三五年」）

重厚に組み合わされた比喩が雄弁にワインの味を物語る。その基軸は味を人にたとえるメタファー（隠喩、metaphor）である。女性に見立てられたがゆえに、このワインは「成熟して」いて「肌理が細かく」、しかも「艶やかな豊満」をたたえながら「つつましやかに微笑」する。と同時に、形のある固体にもたとえられるから、「ころがしても」、「砕いても、崩れるところがない」。このように、右の一節には、複数のメタファーがからみ合う濃厚な味付けがなされている。文体に対する好みは分かれるかもしれないが、味覚を語り尽くそうとした稀有な一節であることは間違いない。

では、味の余韻を舌に残しながら食卓で右のように語れる者がいるだろうか。仮にそのような表現が食卓で繰り広げられたら、それは、何かのパロディでないかぎり、あまりに不自然な言語行為と受け取られるだろう。やはり、素直においしいというのが食卓では自然なのだ。もっとも、食卓のことばと開高の一節とのあいだには、話しことばと書きことばという伝達メディアの違いがある。しかし、そのような違いを差し引いても、右の文章は日常会話の味覚表現からかけ離れている（実際、この一節のみを最初に読んだとき、私には違和感が残った。その件に関しては四節で触れる）。もうひとつ極端な例を挙げるなら、グルメ漫画のせりふがある。漫画のせりふは話しことばを模して書かれるので、先ほどの開高の例とは違って、話しことばと書きことばとの違いをひとまずは考慮に入れなくてもいい。しかし三節で確認するが、グルメ漫画のせりふは、日常的な味覚表現からときに遠く隔たる。

このように、小説や漫画などのフィクションでは、日常の食卓なら不自然なはずの味覚表現が、さして違和感をもたれることなく読者に受け入れられる。なぜだろうか。これがこの章で取り上げるふたつ目の謎である。

この章では、このふたつの謎、つまり、

（一）おいしいものはおいしいとしか言いようがないはずなのに、その一方で美味の表現が豊かに展開しているのはなぜか

（二）本来なら不自然なはずの味覚表現がフィクションでは受け入れられるのはなぜか

について考えたい。日常の食卓では困難を伴う美味の表現が、エッセイなどの書き物では豊かになり、そして小説や漫画などのフィクションでは、さらに雄弁になりえる。味覚表現に関するこのような変化は、コンテクスト（発話状況）の影響を強く受けているのではないだろうか。過去の味覚体験について述べる料理エッセイのコンテクストが、味覚表現のむずかしさを乗り越える契機となるのではないだろうか。フィクションの語り(narrative)には、日常会話なら不自然と判断される表現を違和感なく受け取らせる機構が備わっているのではないだろうか。そのように考えた。味ことばの謎を追いかけることが、同時にエッセイやフィクションの言語の一面を明らかにしてくれるだろう。

では、まず、食卓ではおいしいとしか言いようがないことについて考えよう。その理由がわかれば、味覚表現のむずかしさを乗り越えるメカニズムがどのようなものか、見当がつくだろう。

二　からだの束縛から離れて──遠隔化の効用

なぜ、おいしいものはおいしいとしか言いようがないのだろうか。この疑問に答えるには、ことばの学問の領域から少し踏み出す必要がある。解剖学者養老孟司は、ある対談のなかで嗅覚と味覚について次のように述べている。

養老――においという感覚がとらえにくいのは、脳の構造と関係があると私は思っています。嗅球から伸びた神経は、二つに分かれて、一方は大脳の新皮質に入るのですが、もう一方は辺縁系に入る。つまり嗅覚の情報の半分は、いわゆる「古い脳」のほうへ行ってしまい、言語機能をもつ新皮質には届かないんです。視覚の場合は、情報がすべて新皮質に入りますから、目で見たものは言葉で表現しやすいのですが、半分しか届かない嗅覚ではそうはいかない。だから、においの表現は何々のにおいというように勝手に決めてしまう感じになる。

味覚も同じで、情報は半分しか新皮質に入らない。だから料理番組では「おいしい」としか言えないんですよ。意識にのぼってくる部分だけしか表現できないから、そうなっちゃうんです。視覚がわりあい内省的に理解でき、言葉にしやすいのに比べて、嗅覚や味覚が言葉にしにくいのは、そういうところに理由があると思います。

（日経サイエンス（編）『養老孟司　ガクモンの壁』）

養老によれば、「おいしい」としかいえない理由は、私たちのからだの構造に求めることができるらしい。進化過程の早い段階で発達したと考えられる「古い脳」が味覚の認知に大きくかかわり、「新しい脳」である新皮質に情報がじゅうぶんに行かないために、おいしさを分析的に言語化することがむずかしい、というわけだ。

また、二の皿の山本は、本書が生まれる契機となったシンポジウム「味覚の言語学」で次のように述べている。

食物咀嚼時、飲料水摂取時の感覚情報は大脳皮質の各感覚野（味覚、嗅覚、触・圧感覚、温冷覚、痛覚など）で処理され、量的・質的な分析結果が出る。これは言語表現として表出ができるものであろう。これらの情報処理結果は、次に発生学的に古い脳に属する情動や摂食の中枢に送られる。喜怒哀楽の感情や自律神経の活動は誘発するが本質的には新皮質の言語野活動を必要としない。大脳新皮質がかかわる認知過程で言語表現は多彩でも、古い脳が関わる感情になると言葉を失う。

（山本隆「おいしさの科学とおいしさの表出」『日本言語学会第一二七回大会予稿集』）

細部に違いはあるが、おいしさの認識には「古い脳」が大きくかかわり、言語活動をつかさどる新皮質があまり関与しないために、美味をことばに表すことがむずかしい、という点で養老と山本は一致している。ここでは、細かな専門的知識はともかく、味覚の言語化には生理学的なハンディキャップが存在することを確認しておけばいいだろう。ひらたくいえば、味覚のことばは、私たちのからだのありように束縛されているのである。

しかし、味覚の言語が身体の制約を受けるのなら、どのようにして私たちはその制約から逃れ、味覚を言語化するのだろうか。味覚表現が豊かに繰り広げられる場面をまず、思い浮かべてみよう。それは、先の焼酎やエラブー汁の例で見たように、食品の紹介記事や料理エッセイのたぐいであった。これらの言語行為は、食卓で経験する「おいしい」としか言いようがない状況と次の二点において大きく異なる。

まず、通常の食卓では、会話者は同じ料理を食べる。つまり、当該の料理の味覚に関して同等の情報量を共有するわけである。他方、料理エッセイや食品紹介記事のたぐいでは、当該の味覚経験をもたない読者（聞き手）が存在する。このような状況では情報の送り手と受け手とのあいだに知識量の著しい差が生まれる。

次に、食卓の会話では、今まさに実感している味覚について何らかのコメントをおこなうのに対し、料理エッセイなどでは、食後、記憶やメモなどに頼って過去の味覚経験をことばに起こす。しかも、食卓での会話は口頭であるのに対して、料理エッセイのたぐいは書きことばを媒体とする。

このように、おいしいとしか言いようがない状況と、味覚表現が豊かに繰り広げられる場合とでは、表現のコンテクストが大きく異なる。両者のあいだにほかに取り立てて違いがないのなら、この章で取り上げるひとつ目の謎、

（一）おいしいものはおいしいとしか言いようがないはずなのに、その一方で美味の表現が豊かに展開しているのはなぜか

は、表現をおこなう際のコンテクストの違いに起因すると考えていい。

では、コンテクストの違いが私たちのことば遣いにどのような影響を与えているのだろうか。まず、食卓の会話では、目前の料理の味わいについてことさら細かに語り合う必要はない。料理に対する評価をたがいに共有すればそれでじゅうぶんである。しかし、聞き手が同一の味覚経験を共有しない場合、味の実態を伝える必要が生じる。聞き手はその料理がどうおいしいのか、まずいのか、よくわからないからである。料理番組のレポーターもそのような状況に置かれるから、「おいしい」以外に何かいうことを求められるのである。したがって、このようなコンテクストでは味覚についてのことば数が、食卓の会話よりも必然的にふえる。

次に、食卓の会話は味覚体験のただなかでおこなわれるため、先ほど見たように、美味という情動を表現する際にからだのくびきから自由になることがむずかしい。いきおい私たちは表現に貧することになる。これとは対照的に、料理エッセイでは、過去の味覚体験をその記憶やほかの知識に依拠しながら言語化するため、先ほどのからだの制約にさほどとらわれることなく、「大脳皮質連合野や言語中枢を駆使して」(山本隆『「おいしい」となぜ食べすぎるのか』)味覚体験をいくらかでも分析的に表現できる。実際、実体験を実況中継するよりも、過去の体験を落ち着いて報告するほうが、体験に対する意味付けをずっとスムーズにおこなえる。しかも、書きことばを用いるから、日常の会話よりも時間をかけて表現を練ることができる。

この食卓の状況と料理エッセイの状況との違いは、ウォレス・チェイフが提案する対立概念、「近接性」(immediacy)と「遠隔化」(displacement)によってより明確に言い表せる。チェイフは、その著書『談話、意識、時間』で、今ここにあることについて話すとき(近接的な状況)と、今ここにはない、つまり、時空間的に隔てられたことがらについて語る場合（遠隔化された状況）とでは、精神のはたらきやことば遣いに大きな違いが見られる、と指摘している。近接的な状況では、話し手は話題にしたいものごとについて聞き手の注意をそこに向けるだけで、聞き手にさまざまな情報を詳細に知らせることができる。たとえば、花瓶にいけられた花に対し聞き手の注意をうながしさえすれば、聞き手は花全体の色かたちはもちろんのこと、花弁のつき方や花粉の状態、花びらの微妙な色合いなど、さまざまな情報を即座に手にできる。当然のことだが、遠隔化された状況では、聞き手に同等の情報を伝えることは、問題の花に対して非常に詳細な記述をおこなったとしても、ほとんど不可能である。

この近接性と遠隔化の区別は、味ことばの二面性にぴたりと符合する。もちろん、食卓の状況が近接的な場面であり、料理エッセイのコンテクストが遠隔化された状況である。

近接的な状況では、身体的な制約から自由になれずに、美味の感覚をことばにすることはむずかしい。今、感じている味覚の詳細については語りえないのである。しかし、聞き手も同様の感覚を抱いているはずなので、同じ感覚を抱いていることを確認さえすれば、非常に効率的な伝達をおこなえたことになる。つまり、「おいしい」ということばを交わしさえすれば、今、自分が感じている身体的な反応の詳細を相手もまた経験していると了解できるのである。近接的な状況では美味の感覚を言語化するのは困難だが、実は詳細に言語化する必要もないのだ。コンテクストの力を借りて非常に効率的な情報伝達が「おいしい」というだけで可能になるからである。

遠隔化された状況はこれと大きく異なる。聞き手は話し手と同じ身体反応を共有しないから、味覚についていくらかでも聞き手に伝えたいのなら、ことばを選び、表現を連ねていくより方法がない。

しかし、その一方で遠隔化の利点もある。おいしさを今、感じているわけではないから、からだのくびきから解き放たれて、内省を利用しつつ比較的自由に味覚を分析できる。味覚のことばにまつわる第一の謎——おいしいものはおいしいとしか言いようがないはずなのに、エッセイなどの書き物において味覚表現は豊かに展開する——が成立する背景には、このような事情があったのである。

もっとも、比較的自由に味覚を表現できるといっても、遠隔化された状況ならおいしさをいともかんたんに表現できる、というわけではない。おいしさという形をもたない情動を形容するには、それなりの工夫——レトリック——が必要である。その代表がメタファーとメトニミー（換喩、metonymy）である。

メタファーとは、あるものをより身近な別のものになぞらえて理解し、表現する方法である。前節に見た開高の文章では、ワインを女性にたとえたことによって、本来、女性を形容する表現群をワインに対して用いることができた。味覚は手にとって眺めることができないため、遠隔化された状況であっても、容易に表現できるというわけではない。そこで、味について正面から語るのではなく、女性というフィルターを通して味を理解するストラテジーを採ったのである。

同様の効果は、直喩(simile)によっても、ある程度可能になる。次の嵐山の文章では、なすの味わいが直喩とメタファーによって雨と涙の両方にたとえられている。

○神崎は、つまんだ茄子を口に入れ、半分を齧った。皮がぷちんとはじけて、茄子の身のエキスがジュワッと口の中に広がった。口の中に、紫色の雨が降るようであった。

「う、うまい！」

と神崎は唸り、残り半分を食べ、目を閉じてから、冷酒をあおった。

「もうひとつ食おう」

神崎は茄子漬を丸ごと口へ放りこんだ。うっすらとほどのよい塩味は、涙の味がした。紫色の涙が、舌の上ではじけ、しぐれ雨のように喉にしみていった。

「おまえ、いつのまに、こんなに漬け方がうまくなったんだ」

神崎はたてつづけに、七本、八本と茄子漬を口のなかに放りこみ、目を閉じて噛み、

「うまい、うまい」

と声を出した。

「こんなに上等な茄子漬を作る妻がいながら浮気する男は許せんなあ。ノリ子、あんな男とは、さっさと別れてしまえ」


（嵐山光三郎「泣き虫茄子」『頬っぺた落とし　う、うまい！』）

右は小説の例であるが、直喩と隠喩（メタファー）が効果的に使われているので引用した。「紫色の雨が降るようであった」という直喩表現は、味そのものを正面から表現することはせず、味の問題を雨という別の具体的な領域に託して記述している。さらに、「しぐれ雨のように」と同種の直喩を連ねながらも、「紫色の涙」というメタファーを重ねて提示し、夫の浮気に苦しむノリ子の心情へと話を紡ぐ。表題になった「茄子」と「泣き虫」は、頭韻だけではなく、このような比喩表現によっても結び付けられている。味を語るためのレトリックは、ここでは心情の問題にまで言及の幅を広げる。

他方、メトニミーとは、あるものをそれと隣接しているもので代用して表現する方法である。メトニミーを用いた表現は、味そのものについて語るよりも、味覚の認知に時間的に隣接することがら、つまり味を感じるのと同時に起こることがらやそれに前後して起こることがらを記述することによって、読者（聞き手）に味覚を想起させる。「おいしい」の代わりに口当たりや舌ざわりなど触覚に根ざした表現によって味を記述するのは、その一例である。次の例は、食べた直後のからだの反応を畳み掛けるように記述することで、その味がどれほどおいしかったのかを伝えている。

〇こうして旅をしていると、世の中にはたしかにいろいろおいしい食べものがあると思う。「これは死ぬほどどうまい！」と世界中に叫びたくなるほどのものは、しかし、そうはない。その、めったにないことに、今回ついにめぐりあえた。ほっぺたが落ちる、あごが落ちるどころではない。おいしさに体が震えた。舌が踊り、胃袋が歌いだした。生きてあり、もの食うことの幸せをしみじみ確かめた。

それは、一杯の熱いスープだった。

（辺見庸『もの食う人びと』）

「ほっぺたが落ちる」と「あごが落ちる」は、慣用的な誇張表現である。おいしいものを食べた結果、頬やあごが落ちる、といった原因と結果のメトニミーを機軸としている。「ほっぺたが落ちる」にそれよりも誇張の度合いがやや強い「あごが落ちる」を続けてから、問題のおいしさはこれら慣用表現の及ぶところではないと辺見は主張する。そして、それらよりもさらに大きな身体反応を表す「体が震える」を配置する。さらに、美味の度合いを強調する締めくくりとして、「舌が踊る」と「胃袋が歌う」というフィクション性の高い表現でとめる。このふたつの表現は、結果（舌や胃の様子）によってその原因（料理のおいしさ）を伝えるという点でメトニミー的である。と同時に、擬人的なメタファーでもある。現実にはありえないことをメタファーによって語ることで、誇張の度合いがさらに強められている。とおりいっぺんの表現ではじゅうぶんに形容できないおいしさを伝えるため、食後の反応について語る表現群を、誇張の度合いを次第にエスカレートさせながら連ねている。

メトニミーを基軸とするストラテジーをさらに推し進めると、摂食行為にまったく触れずして味覚を語ることも可能である。水上勉による次の一節は、少年時代の禅寺での生活経験をもとにしている。

○「承弁や。また、お客さんが来やはった。こんな寒い日は、畑に相談してもみんな寝てるやもしれんが、二、三種類考えてみてくれ」

承弁というのはぼくの僧名だった。酒のほうが第一だから、先ず、燗をした徳利を盆に、昆布の揚げたのをつまみにのせて出しておいてから、台所で考える。

くわいを焼くのは、この頃からのぼくのレパートリーだった。のちに、還俗《げんぞく》して、八百屋の店頭に、くわいが山もりされ、都会人には敬遠されるとみえ、ひからびているのを見ると涙が出たが、一般には煮ころがしか、あるいは炊きあわせにしかされないこれを、ぼくは、よく洗って、七輪にもち焼き網を置いて焼いたのだった。まるごと焼くのだ。ついさっきまで土のなかにいたから、ぷーんとくわい独得のにがみのある匂いが、ぷしゅっと筋が入った亀裂から、湯気とともにただようまで、気ながに焼くのだ。この場合、あんまり、ころころところがしたりしてはならない。焼くのだから、じっくりと焼かねばならぬ、あぶるのではない。もちろん、皮なんぞはむいてない。したがって焼けたところは狐いろにこげてきて、しだいに黒色化してくる。この頃あいをみて、ころがす。すると、焼けた皮がこんがりと、ある部分は青みがかった黄いろい肉肌を出し、栗のように見える。ぼくは、この焼きあがったくわいを大きな場合は、包丁で二つに切って皿にのせて出した。小さな場合はまるごと二つ。わきに塩を手もりしておく。これは酒呑みの老師の大好物となった。

（水上勉『土を喰う日々』）

くわいが大の苦手でも一度試してみたくなる、そんな文章だ。味そのものには言及せずとも、くわいの味覚を余すところなく伝えている。飲食の行為に先立つ調理過程を克明に記したことでそれが可能になった。水上はくわいを「気長に焼く」過程をじっくりとつづる。読み手は、もち焼き網のくわいをにらんでいるかのような気になる。「畑に相談」するという老師のことばを前に置いたことも効果的だ。このことばは水上の料理に対する姿勢を象徴している。そのため、何気ない記述に潜む少年水上の専心と工夫（精進）を浮き立たせる。おかげで、「わきに塩を手もり」するあたりに来れば、苦味のある匂いがすっかり読み手の周りにも立ち込めている。

さて、味覚を表現するレトリックとして、メタファー的手法とメトニミー的手法のふたつを挙げた。嵐山のなすから水上のくわいにいたる例は、ふたつの点で味覚表現のむずかしさから逃れている。第一点は、遠隔化された状況において味覚を表現していることである。近接的な状況では、生理的な制約により私たちは味覚に関する表現に窮する。しかし、遠隔化された状況では、その制約もゆるむ。第二点は、メタファーとメトニミーが、味覚そのものを正面からは記述しないことにある。メタファーは、味を別の事物にたとえて描写する。メトニミーは、時間的に先行・並行・後続する出来事を記述し、味わう行為そのものに対する言及を避ける。このようなやり方は、味覚体験のただなかで味そのものを表現しようと苦労する食卓の話者の試みと大きく異なる。味覚そのものから二重の意味で隔てられたことが、逆に表現を豊かにしている。

このように、味覚表現は、遠隔化された状況に見合った伝達を心がけることで豊かになる。味覚体験のコンテクストから遠隔化されることによって、からだの制約から解き放たれ、また、さまざまなレトリックを用いる余裕が生まれる。さらに、当該の味覚体験をもたない聞き手（読者）に対して説明せねばならない。そのため、どうしてもことば数がふえる。おいしいとしか言いようがないはずの食卓から状況が変われば、ことばも変わりゆくのである。

三　グルメ漫画の不自然さ――読者への伝達がもたらすもの

今まさに料理を味わっているとき、おいしさを言語化することはとてもむずかしいが、味わう行為から遠隔化された場合、つまり過去の体験として美味の感覚を扱う場合には、むずかしさの程度が薄らぐ。そのことを前節で確認した。表現する際のコンテクストの違いが、私たちのことばづかいに大きな影響を及ぼすのである。

だとすれば、味覚表現にまつわる第二の謎、

(二) 本来なら不自然なはずの味覚表現がフィクションでは受け入れられるのはなぜか

も、コンテクストの差異がもたらしていると考えられないだろうか。食卓での会話とフィクションとを分かつ最大の違いは、参与者の人称構造にある。食卓の会話は、典型的にはあなたと私、つまり二人称と一人称だけが存在する空間であり、一人称が今、まさに起こっている自分の味覚経験を表現する。これに対し、フィクションは遠隔化された他人の(登場人物の)経験について語る。作者(ないしは語り手)は、三人称的存在である登場人物の経験を二人称である読者に伝え、しかも、登場人物同士はたがいに伝達しあう。フィクションの語り(narrative)では、このように複雑なコミュニケーションが展開する。

表現のコンテクストがこれだけ複雑化するのであるから、ことば遣いにさらなる変化が生まれても不思議はない。そこで、この節と次の節では、登場人物の発話や経験を読者(聞き手)に伝えるという図式が、味覚表現にどのような影響を与えるのか確かめたい。この節では、少し趣を変えて、グルメ漫画における味覚表現を題材とする。ほかには見られないユニークなせりふが見られるからである。次の例について考えてみよう。

○山岡:数ある日本酒の中からたった一本を選べと言われたら、迷わず選ぶ、日本酒の最高峰で

す。

松原：むぅぅ、すごい酒だ！　人間の持つ味覚のつぼ、嗅覚のつぼ、そのすべてに鮮烈な刺激を与えて、快感の交響曲が口腔から鼻腔にかけて鳴りひびく……

（雁屋哲・花咲アキラ『美味しんぼ』五七集）

『美味しんぼ』はこれまで二〇年以上にわたり単行本九〇巻が発行され、延べ発行部数は一億冊を突破するという、グルメ漫画の大ヒット作である。グルメブームを引き起こすなど、社会的にも影響力が強かった。この作品の「売り」のひとつは、詳細な味覚表現にある。登場人物の多くは、味の道を行く食魔であり、そのコメントには作者の腐心のほどがうかがえる。『美味しんぼ』がこれだけの人に支持されるのは、この作品の味覚表現に対する好意的な評価もあってのことだろう。

しかし、上の「人間の持つ味覚のつぼ、嗅覚のつぼ、そのすべてに鮮烈な刺激を与えて、快感の交響曲が口腔から鼻腔にかけて鳴りひびく……」というせりふは、単体で取り出すと、不自然の域を越えて珍妙にさえ聞こえる。味わった酒について即座にこのような評論をする友人と会食するのは、あまり気が進まない。

では、なぜ、日常の食卓なら芝居がかって聞こえる表現が、この漫画のなかではさほど奇異に感じられることなく、いや、むしろ好意的に、受け取られるのだろうか。『美味しんぼ』における饒舌な表現と、同じくグルメ漫画の『クッキングパパ』における表現とを比較しながら考えてみよう。というのも、『クッキングパパ』も単行本七七巻を数える人気作であるが、味覚の表現に関しては、『美味

図1　©うえやま　とち／講談社／『クッキングパパ』37巻

図2　©うえやま　とち／講談社／『クッキングパパ』37巻

しんぼ』とさながら陰と陽、水と油、もっといえば、ワインとブランデーほどの違いがあるからである。この作品では、『美味しんぼ』に見られる色彩豊かな表現はなりをひそめ、「おいしい」と「うまい」の二つの形容詞による表現がほとんどすべてを占める。『クッキングパパ』の味覚表現は素朴でそして単調である。

『クッキングパパ』の作者うえやまとちには、「おいしい」と「うまい」こそが素直な表現であって、ほかの言い方は自然ではない、といった確信があるようだ。これは、この章の冒頭に見た、「おいしいものはおいしいとしか言いようがない」という日常食卓の真理と同一のものである。「うまい」と「おいしい」しか使わないから、うえやまの表現レパートリーは必然的にせばめられる。そこで、しばしば彼は言語表現以外の方法にうったえる。たとえば、登場人物の瞳に光を描きこみ、この登場人物の心の動きを象徴的に表す（図1）。図3では、料理の絵をほかのコマよりもはるかに写実的に描きあげて、料理に星のような輝きを入れている。また、図4のように、登場人物の背景に衝撃を表わす稲妻のような絵を配することもある。

このように、『クッキングパパ』では、言語表現の単調さを絵画表現によって補っているのだが、やはりじゅうぶんではないようだ。ことに、登場人物の面子に変化がない場合、図1と図2のように、同じようなコマが繰り返される。日常の感覚からすれば、常識的なせりふが展開されるのだが、構成の似たコマが同じ巻の近く（図1は一二四頁、図2は一四一頁）に現れるのは、作品的に変化に欠ける。

一方、『美味しんぼ』では、登場人物のせりふは長めで、味覚を表現するにあたって登場人物のせ

図3　©うえやま　とち／講談社／『クッキングパパ』37巻

図4　©うえやま　とち／講談社／『クッキングパパ』２巻

りふにたよる傾向が強い。そのため、先にも見たように、日常の食卓なら不自然に聞こえる表現もしばしば見受けられる。

○板山：う、旨いーっ!!
盛口：シャッキリとした歯ごたえ、繊細で上品かつ淡泊な味っ!!　しかも旨味の要素がいくつも絡まりあって豊潤にして玄妙極まりない！　そして後口のすがすがしいことっ！
（雁屋哲・花咲アキラ『美味しんぼ』一五集）

○大原：これはすごい！
小泉：たいへんな紅茶です！
深川：このふっくらと豊かな味わいは、どうでしょう。甘味、渋み、苦味、その味の要素のすべてが過不足なく立ち上がる。そして飲んだあとに、口から鼻一杯にマスカットのあでやかな香りが広がって……これは最上のダージリンです！
海原：うむ、見事なダージリンだ。
（雁屋哲・花咲アキラ『美味しんぼ』六六集）

右の二例では、この漫画に特徴的なせりふまわしが見られる。先の例ではふたりの男性がふぐのから揚げを食べている。そして、「シャッキリした歯ごたえ、繊細で上品かつ淡泊な味っ!!　しかも旨味の要素がいくつもからまりあって、豊潤にして玄妙極まりない！　そして後口のすがすがしいことっ！」とせりふが続く。「繊細」「上品」「淡泊」「豊潤」「すがすがしい」といった形容語にさらに「玄妙」まで加えて、ふぐのうまみを丹念に分析している。

しかし、料理を食しながらここまでコメントできる人物が、実際にいるだろうか。せりふのスピード感からすると、この男性は今、食べている料理について猛烈な勢いでしかも的確にまくし立てていることになる。後の例の「最上のダージリン」を飲む女性深川にいたっては、三日前から用意していたのではないかと思えるせりふをこともなげに話す。たしかに、描かれている料理の味については、独特の味覚表現によって読者に多くを伝えている。だが、せりふが現実離れしているのも事実である。このように、『クッキングパパ』と『美味しんぼ』は、味覚の表現に関して対極にある。

では、『美味しんぼ』と『クッキングパパ』とのあいだに見られるこのような対立は、どのような要因によってもたらされるのだろうか。どうやら、作品としての性格の違いに理由があるようだ。

『美味しんぼ』は味の求道者を描く漫画である。主人公山岡士郎は、「究極のメニュー」なるものを求め、食文化の頂点を見極めることを目ざしている。そして、目の前に立ちはだかる実父とときに料理で対決する。ここでは「最高に美味しい」ことが最大の価値をもつ。したがって、描かれる料理は、単に「おいしい」や「うまい」では片付けられない。どのようにおいしいのか分析し、それを克明に読者に伝えねばならない。素朴に食べて「おいしい」では、物語が進行しないのだ。登場人物は、料理に関しては素人という設定であったとしても、「快感の交響曲」の松原や「玄妙極まりない」の盛口のように、なにやら味の専門家的なことばをしばしば放つのである。

読者もまた、そのような登場人物たちによって繰り広げられるうんちくを楽しみにしている。日常の食卓からは隔たった世界に遊び、グルメの雰囲気を楽しむ。そのためには、自分たちが知らない美食の知識や食材が披露されるのを望んでいるし、通や玄人の言説を期待している。要するに、『美味しんぼ』にしばしば見られる芝居がかった味覚表現は、この漫画の作品上の要請と読者の期待に応えるという必然に裏付けられている。日常の食卓なら不自然なはずの味覚表現が、（ときにパロディーのネタになることはあっても）一億冊の発行部数を超えて生き延び、今も読者に好意的に受け入れられているのは、ひとえに作品の性格と整合しているからだろう。

これに対し、『クッキングパパ』は一般的な職場と家庭を舞台にした、日常のグルメ漫画である。ふつうのサラリーマンが、ふつうに仕事をこなしつつ、日々の料理に工夫を凝らす。また、やる気のある読者が自分で試せるように、毎回そのレシピが絵入りで掲載される。そのような日常の料理に芝居がかったせりふは不要である。素直に「うまい」「おいしい」とやっておくのがもっとも自然なのだ。作品の展開を考えた場合、たとえせりふまわしが単調になっても、『クッキングパパ』ではせりふは自然なほうがいい。

このように考えると、『美味しんぼ』と『クッキングパパ』の登場人物が発するせりふは、どちらも作品の筋書きや性格に強く影響されていることがわかる。せりふが話しことばで展開する漫画では、登場人物のせりふに対して、本来、発話の状況に見合った自然なことばづかいが期待される。とすれば、招かれた友人宅の座敷で「人間の持つ味覚のつぼ、嗅覚のつぼ、そのすべてに鮮烈な刺激を与えて、快感の交響曲が口腔から鼻腔にかけて鳴りひびく……」とやってしまうのは、明らかに常軌を逸している。しかし、漫画作品におけるせりふは、私たちの日常の会話と同じ基準をつねに共有しているわけではない。作品に見合った適切さがあっていいのである。

漫画をはじめとするフィクションの言語と日常の言語とのあいだに見られる、このような基準の違いをさらに明瞭に説明する道具立てとしては、以前に『語りのレトリック』で提案した巨視的レベルと微視的レベル、もしくは巨視的コミュニケーションと微視的コミュニケーションという対立概念が有効である。漫画をはじめとするフィクション作品は、その作者から読者へのコミュニケーションと見ることができる。これを巨視的コミュニケーションと呼ぶ。これらの作品では登場人物がさまざまな出来事を経験し、行動し、考え、話す。登場人物間でも伝達がおこなわれるわけで、この作品内でのコミュニケーションを微視的コミュニケーションと呼ぶ。

作品内の微視的コミュニケーションは、その場の状況に見合った自然なものであるべきだが、ときに現実の基準からはずれる。作者から読者（観客）への巨視的コミュニケーションをうまく成立させるために、微視的レベルにおける登場人物のせりふに手を入れることがあるからだ。新田晴彦は、このメカニズムを映画のシナリオについて具体的に説明している。


弁護士、医者、技術者など専門分野をもつ人たちが同じ専門家を相手に専門領域について話す時、会話中にはおそらく恐ろしいほどの専門用語が飛び交うことでしょう。ところが映画では飛び交いません。観客が理解できないからです。そこで専門用語を専門的な匂いが残る程度に制限し、後はすべて観客がわかるレベルに落とします。映画が扱う範囲は政治経済、科学技術、宗教哲学、歴史、芸術、スポーツ、ＳＦとあらゆる分野に渡ります。しかし、どの分野の映画を作ったとしても、会話に登場する単語は一般大衆レベルに落着きます。観客層のターゲットを子供にまで広げた場合、単語レベルはもっと下がります。

（新田晴彦『スクリーンプレイ学習法』）

小説や漫画などの言語作品においては、このように少なくともふたつのコミュニケーションの流れが見られる。このふたつのコミュニケーションのありさまを図式化すると図5のようになる。フィクションにおけるコミュニケーションについては、これよりも複雑な図式を考案することも可能だが、コミュニケーションにかかわる言語行為者の数を最小限にしたほうが当面の目的にはかなうので、簡略化してある。

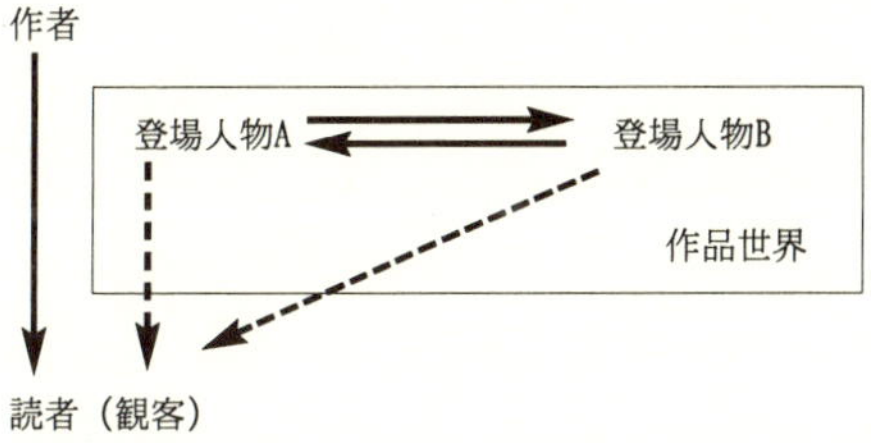

図5　言語作品における二つのコミュニケーション

作者は、作品の理解に必要かつ十分なだけの情報を読者に提供する義務を負う。垂直方向に伸びた実線矢印が、この情報経路を表す。これに対し、登場人物は作品内において登場人物同士で会話のやり取りをおこなう。水平方向の実線矢印がこの伝達経路で、作品内に留まる微視的なコミュニケーション回路である。登場人物のせりふは、また、作品世界を超えて読者（観客）にも届けられる。破線矢印がこれに当たる。読者は、登場人物間の会話をいわば立ち聞きするのだ。登場人物のせりふは、ほかの登場人物に直接的には向けられながらも、立ち聞きしている読者にも理解できるように構成される。そして漫画というジャンルでは、しばしば読者へ向けた巨視的伝達に対する配慮が、登場人物同士の微視的

図6　© 寺沢大介／講談社／『将太の寿司』9巻

なコミュニケーションに優先する。したがって、登場人物同士の会話としてみた場合、不自然に思えるようなやり取りもときに見受けられる。図6はまさにそのような例である。

　主人公の寿司職人関口将太は、新人寿司職人コンクールなる大会で、一番うまいヒラメを選ぶ目利き勝負をしている。そして、心のなかでこうつぶやく。「選ぶべきは天然もの!!　このヒラメの山の中からまず天然ものを選び出すんだ!!」この誰に聞こえるはずもない心の声は、「その通り!!　この目利きでまず一番に見るべきはそれだ!!」というふうに、審査員たちの心内発話に受け継がれていく。彼らは、あたかもテレパシーで伝達しあうように、たがいの心の中を読み、心内発話の会話を紡いでいく。その結果、微視的な登場人物のコミュニケーションレベルでは、あまりにも不自然な言語行為が展開される。

しかし、このやり取りは読者に向けられている度合いが非常に強い。読者には、登場人物の外見を描く絵とその心的状況を示すせりふとが、登場人物ごとに提示されているので、それぞれの登場人物が何を考えているのかは一目瞭然である。その個々のコマをそれぞれが対話しあっているかのように連ねてみたのである。登場人物のやり取りとしては超自然的なことが起こっているが、読者に対するストーリーの展開としては非常に効率のよい情報提供が順序よくおこなわれる。その結果、この一節をさして気にすることなく読み進める読者も多いようだ。

これと同様に、『美味しんぼ』の味覚表現がときに不自然に感じられるのは、微視的コミュニケーションレベルのみにおける発話の自然さを問題にするからである。やはり、食卓の会話としては、あまりに雄弁で、感情よりも分析が勝ちすぎる。しかし、本来なら不自然に聞こえるせりふまわしが読者に支持されている理由は、作品の筋書きと読者の期待にそった情報提供をおこなっているからだろう。『美味しんぼ』の登場人物は、食卓の会話者としてふるまいながらも、料理番組レポーターと同様の役割を同時に果たしている。読者も、登場人物のことばのなかに自分たちに向けられた情報を知らずに読み取っていくので、せりふの微視的な不自然さに気づかないことが多い。程度の問題はあるが、巨視的なコミュニケーションはしばしば微視的コミュニケーションに優先する。そのため、現実にはありえないようなせりふが展開されたとしても、そのことで読者はあまりとやかくいわない。

これに対し、『クッキングパパ』の登場人物は、レポーター役をおおせつかってはいない。読者と等身大に特徴付けられた登場人物は、読者が日常の食卓でふるまうように話す。ここでは、微視的コミュニケーションにおける自然さが優先されており、図1と図2のように、構図とせりふが重なることがあっても、作者はさして気にしないようだ。読者もこの漫画に対してドラマティックな展開を望んではいない。

漫画のような言語作品には、このようにふたつのコミュニケーションの流れが存在する。作品の特徴や展開に応じて、このふたつのコミュニケーションのバランスをとることを作者は求められる。一般的には、通俗的な作品ほど巨視的コミュニケーションを優先させる傾向が強い。そして、現実の会話にはありえないようなせりふまわしが見られたとしても、巨視的コミュニケーションの必然性にきちんと裏付けられているなら、そのようなせりふもたいして不自然には聞こえない。

四　心理描写と饒舌――虚構としての味覚表現

この節では、本来なら不自然な味覚表現がそのようには感じられないもうひとつの環境について考えよう。小説の心理描写を題材としたい。日常の食卓では困難なはずの味覚表現が、そこでは流れるようによどみなく展開される。まずは、冒頭に挙げた開高の一節からはじめよう。もう一度引用する。

○いい酒だ。よく成熟している。肌理がこまかく、すべすべしていて、くちびるや舌に羽毛のように乗ってくれる。ころがしても、漉しても、砕いても、崩れるところがない。さいごに咽喉へごくりとやるときにも、滴が崖をころがりおちる瞬間に見せるものをすかさず眺めようとするが、のびのびしていて、まったく乱れない。若くて、どこもかしこも張りきって、溌剌としているのに、艶やかな豊満がある。円熟しているのに清淡で爽やかである。つつましやかに微笑しつつ、ときどきそれと気づかずに奔放さを閃かすようでもある。咽喉へ送って消えてしまったあとでふとそれと気がつくような展開もある。（開高健「ロマネ・コンティ・一九三五年」）

この一節を最初に目にしたのはシンポジウム「味覚の言語学」であった。この一節のみが抜粋されてあるのを読んだとき、私には違和感が残った。読者を置き去りにして自分の世界に入り込んでしまっているような印象を受けたのである。この一節をエッセイの一部だと勘違いしたからだろう。力の入った文章であることはわかるが、どうにも気にかかった。とくに出だしの「いい酒だ」の独白的な表現が気になる。そこで原典にあたってみて、はたとひざを打った。右の一節は三人称小説から採られていたのだ。「重役」と「作家」と呼ばれる二人の登場人物が、ブルゴーニュ産の高級ワイン、ロマネ・コンティとラ・ターシュの二本を飲む。問題の一節はラ・ターシュを飲んだときの描写である。前後を含めて引用する。

○「問題のロマネ・コンティだけれどね。これもすみずみまで見てきた。聞きしにまさるものだよ。［中略］」

「ゆっくりと聞きたいね」

「では一席のお粗末をやりますかな」

「どうぞ」
重役はそっとグラスを口にはこんで、一口、二口含むと、静かに嚙みしめてから、グラスをテーブルにもどし、手帳もメモも見ないで話しはじめた。まだ記憶がういういしくて、誇りたかったり、話を作りたかったりはちょっとあるものの、ふりかえるよりは眼前にあるものを注視することに熱中しているまなざしである。小説家は耳を澄ませながら深紅に輝く、若い酒の暗部に見とれたり、一口、二口すすって嚙んだりした。いい酒だ。よく成熟している。肌理がこまかく、すべすべしていて、くちびるや舌に羽毛のように乗ってくれる。ころがしても、漉しても、砕いても、崩れるところがない。さいごに咽喉へごくりとやるときにも、滴が崖をころがりおちる瞬間に見せるものをすかさず眺めようとするが、のびのびしていて、まったく乱れない。若くて、どこもかしこも張りきって、溌剌としているのに、艶やかな豊満がある。円熟しているのに清淡で爽やかである。つつましやかに微笑しつつ、ときどきそれと気づかずに奔放さを閃かすようでもある。咽喉へ送って消えてしまったあとでふとそれと気がつくような展開もある。

……ディジョンから国道七四号をいく。コート・ドールは長さが約六〇キロ、幅が平均して約六五〇メートルという細い帯である。ぶどう畑の帯である。それが無数のぶどう園に分割されている。資格審査はきわめてきびしく、たった道一本をこえてとなりの畑に入っただけで、たちまち一級が二級になったり、二級が一級になったりする。

(開高健「ロマネ・コンティ・一九三五年」)

重役はロマネ・コンティが作られているぶどう畑も見学してきた。その様子を「手帳もメモも見ないで話しはじめ」る。彼の話は「……ディジョンから国道七四号をいく」以降の部分で自由間接話法的に提示される。作家の心理描写と区別するために、いささかかたい口調で描出されている。ワインの味について語った問題の部分は、作家が重役の話を聞きながら一口、二口すすったワインについての感想である。このような文脈に置けば、当初の違和感は消え去って、文章の口当たりもあきらかによくなる。では、なぜ、心理描写というコンテクストが与えられると、味覚表現の不自然さはまろやかに消え去るのだろうか。また、登場人物の心理を語るとき、味覚表現の幅はなぜ豊かに広がっていくのだろうか。そのことについて考えよう。まず、ほかの表現例も確認しておく。

○仕事のひまひまに編集する小さなプレイ雑誌のための原稿をもらいにいったさきで、五十年寝かせてあったというオランダ・ジンを一本もらった。［中略］仕事部屋へ持って帰って包みをひらいてみると、茶色のくすんだ陶瓶が一本あらわれ、レッテルは黴《かび》でぼろぼろになり、破片しかのこっていないが、コルク栓は古色で錆びながらもしっかりつまっている。仲間を集めて黄昏になるのを待ってから栓をこじあけ、グラスについでみると、無色透明な蒸留酒のはずなのにリキュールのような艶と肌理《きめ》の液がトクトクとでてきた。一滴、二滴、おそるおそる舌にのせてみると杜松《ねず》の気高い爽涼の香りが口いっぱいにひろがって鼻へぬける。滴は磨きぬかれてこまやかでまろいが、水そっくりの温厚さをたたえている。咽喉へ送ってみると、羽毛で撫でたほどの痕も感じさせずにひっそり消えていく。いつも茶碗でひっかけるジンは咽喉、食道、胃、腸とヤキヤキした熱をどこまでもつたえていき、小さな火が走るようなのだが、この滴とくらべてみると、薬用アルコールでのばした松脂《まつやに》といいたかった。その滴は訴えたり、叫びたてたり、足踏みしたりに夢中なのだが、この滴は自身であることに花のように満足して静謐《せいひつ》であった。透明のなかに深奥があり、しかも優しいのである。

「……」

「……?」

「……!」

（開高健「黄昏の力」）

○「食って見給え」

［中略］

鼈四郎《べつしろう》はフォークを妹娘の胸さきへ移した。

お絹は滑らかな頸《くび》の奥で、喉頭をこくりと動かした。煙るような長い睫《まつげ》の間から瞳を凝らしてフォークに眼を遣り、瞳の焦点が截片に中《あた》ると同時に、小丸い指尖《ゆびさき》を出してアンディーヴを撮《つま》み取った。お絹の小隆い鼻の、種子《たね》の形をした鼻の穴が食慾で拡がった。

アンディーヴの截片はお絹の口の中で慎重に噛み砕かれた。青酸《あおずっぱ》い滋味が漿液となり嚥下《のみくだ》される刹那に、あなやと心をうつろにするうまさがお絹の胸をときめかした。物憎いことには、あとの口腔に淡い苦味が二日月の影のようにほのかにとどまったことだ。この淡い苦味は、またさっき喰べた昼食の肉の味のしつこい記憶を軽く拭き消して、親しみ返せる想い出にした。アンディーヴの截片はこの効果を起すと共に、それ自身、食べた負担を感ぜしめないほど軟く口の中で尽きた。滓というほどのものも残らない。

「口惜しいけれど、おいしいわよ」

お絹は唾液がにじんだ脣《くちびる》の角を手の甲でちょっと押えてこういった。（岡本かの子「食魔」）

年代物のジンとキク科の野菜アンディーブの味わいが語られている。「自身であることに花のように満足して静謐であった」り、「淡い苦味が二日月の影のようにほのかにとどまった」り、食卓では及びもつかない表現が展開する。しかも、グルメ漫画のせりふに感じられたような不自然さは一見したところない。美味の表現がもっとも生き生きと立ち現れる場所がここにある。

右の三例に共通するものは、味わってから口を開くまでのあいだに、登場人物が経験した感覚や感想を克明に記している、という点である。登場人物の心理に分け入ることが、味覚の表現を自由にしているのである。読者の側に立てば、登場人物の感想が先に存在しており、それを語り手が読者に伝えた、といった印象を受ける。

しかし、理詰めで考えると合点のいかないこともある。たとえば、開高の「黄昏の力」では、「……」や「……？」という無言の発話が提示されている。これは、あまりにおいしいものを賞味した直後の反応としては納得のいくものである。しかし、あれほど明確な感想をもちながらも、いざ発話してみる段になってことばを失ってしまうものだろうか。ことばを失うという反応は、おいしさの情動が予想を超えて強いために、意識的な表現努力を無効にしてしまう、といったものだろう。五〇年寝かせてあったジンをなめてみて、すぐに「この滴は自身であることに花のように満足して静謐であった」と意識できるのであれば、また、日ごろ「茶碗でひっかけるジン」が「薬用アルコールでのばした松脂」であると思えるのなら、飲んですぐにそのように語ることができないだろうか。少なくとも、無言で終わらずに何かコメントを残せるのではないか。細かな理屈を述べ立てれば、心理描写にみられる味覚表現の背後にも不自然さがうっすらと影を落としている。

もっとも、そのようなことを考えながら右の引用を読む人は一般にはいないだろうし、私が持ち出した屁理屈が作品の価値をおとしめることもないだろう。ただ、内面描写に見られる味覚表現を丹念に跡づけると、これらの表現がもつ虚構性があきらかになるように思う。小説における味覚表現も、つきつめていえば、グルメ漫画のせりふと同様、本来はありえないことばなのである。まず、小説における味覚表現が日常の味覚表現から遠く隔たって饒舌になる仕組みについて考え、そしてそのうえで、内面描写に現れる味覚表現の虚構性の機構についても考えてみよう。

内面描写で提示されるような思考は、発話とは異なり、何をいわないでおくかの選択がなされない。よくいわれるように、何かをいうことは何をいわないかを選択することである。さらに、発話にあたっては、いうべき内容をさらにどのようにいうかについても話者は選択を迫られる。しかし、脳裏をよぎるだけの思考には、発話に付随するそのような制約がない。思考や心理は、発話されることによって、テクストとして書かれることによって、はじめて明確なものとなる。だから、発話より具体性に欠ける思考を、たとえば実験的にそのまま言語化しようとすれば、おそらくひどく饒舌で、まとまりを欠いた文体となるだろう。デイビッド・ロッジの小説『考える…』は、一人称の主人公が自分の思考をレコーダーに録音しようと実験するところからはじまるが、まさに饒舌でまとまりのない文体がえんえんと繰り広げられる。ロッジの『考える…』のような散漫な文体は極端な例であるが、小説の心理描写は、たいてい登場人物のせりふよりも長く、さまざまなことが連綿と語られることが多い。内面描写における味覚表現が、食卓の表現はもとより、エッセイや商品紹介よりも多弁になる素地がここにある。

では、内面描写における味覚表現はどのようなかたちでテクスト化されるだろうか。小説の心理描写は、登場人物の心理や思考が先にあり、それを語り手なり作者なりが読者に向けて提示したものと解釈するのが、もっとも一般的な読者側の考え方である。しかし、思考や心理は、先にも述べたように、テクストのかたちに固定されることによってはじめて明確なかたちをとる。つまり、読者の読みの段階において登場人物に帰属させられる思考や知覚は、語られる段階において作者（もしくは語り手）の手によってはじめて明瞭なかたちを与えられるのである。言語化された思考や感覚が登場人物の脳裏にあらかじめ存在していて、それを作者（語り手）が忠実に報告すると考えるよりも、登場人物の思考や心理の描写は作者がすべて請け負っていると考えたほうが、作者側から見た現実に近い。

もっとも、同じことは直接話法で提示された登場人物のせりふにもいえる。当たり前のことだが、作品内のことばすべてを創造しているのは作者なのだから、登場人物のせりふも、登場人物の人格を念頭に入れながら、作者が作ったものである。したがって、直接話法によって提示される登場人物のせりふも、心理描写において伝えられる登場人物の思考や感情も、つまるところ、作者の手による作文だという点では同じである。両者のあいだで異なるのは、作者の手による作文の自由度である。登場人物が経験したはずの思考や知覚の提示は、発話（せりふ）の場合よりもずっと自由におこなえる。心理描写においては、登場人物の話しことばのスタイルから逸脱して作者が作文する度合い（語り手の介入度）があきらかに高くとも、読者が違和感を覚えることはあまりない。

なぜだろうか。味覚のことばにかぎって話を進めよう。

直接話法による発話提示の場合、小説の登場人物がおこなう味覚表現は、基本的に食卓の話者の発言と変わらない。小説の登場人物に妙に分析的なことばやあまりに立派な表現をしゃべらせてしまったら、非常に現実離れした印象を与えてしまうだろう。というのも、登場人物によって発話された味覚表現の自然さに関しては、食卓の会話を引き合いに出して判断できるからである。小説の、ことに純文学と呼ばれるような小説の住人は、漫画の登場人物のようには話すことができない。微視的コミュニケーションにおける自然さが、通俗的な言語作品におけるよりもずっと強く求められているからである。したがって、「淡い苦味が二日月の影のようにほのかにとどまった」感触を覚えたお絹ですら、「口惜しいけれど、おいしいわよ」としか発言できないのである。「黄昏の力」の主人公にいたっては、発言さえ許してもらえない。

では、この無言の主人公が現実に存在したとして、彼の脳裏にはどのような思考や感覚が去来しただろうか。ことばにならなかったのであるから、きっと名状しがたい、本来なら言語化が不可能な感覚であったはずである。しかし、小説ではそうならない。当該の味覚体験とは無縁である作者の手が入るからである。当然のことながら、登場人物の思考や心理は、作者の手に左右される虚構の産物でしかない。小説の心理描写で提示される登場人物の考えや心情は、現実に私たちが経験しえるものからときに離れたものとなる。

とすれば、内面描写で提示される思考や知覚の自然さは何を基準に測ればよいだろうか。思考や知覚に関しては客観的なテクストが存在しない。思考は、発話されないがゆえに思考なのだ。明示的に言語化された時点でそれは思考ではない。知覚や感覚にいたっては、客観的な観察はいっさい不可能である。したがって、登場人物の思考や感覚の描写については、作者の手が入っていようとも、本来はこうあるべきだといえる根拠がないのである。

ここでもし、作者が微視的レベルでの真実にこだわるなら、登場人物が抱く美味の情動は名状しがたいままで終わる。しかし、作者はそれがどうであったか読者に伝えたいし、読者もそう期待している。人の内面世界はのぞき知ることができないが、小説では可能である。味覚についても同様である。だから、語りの時間軸にそって登場人物の味覚に対する反応が記されていたら、読者はそれを登場人物が抱いた感覚として疑うことなく受け取る。登場人物の内面における味覚の描写が豊かになった経緯は、右のようなものではなかったろうか。つまり、読者に登場人物の内的経験を伝えたいという、巨視的脈絡への配慮が高まるほど、小説における味覚のことばは豊かになるのである。

小説の内面描写において味覚表現が豊かに発展する理由は、つまるところ、登場人物間の微視的なコミュニケーションと読者への巨視的なコミュニケーションのふたつが、フィクションの語りに内包されていることに端を発する。巨視的なコミュニケーションに対する考慮が重視されればされるほど、本来は名状しがたいはずの個人の味覚体験を伝えたい欲求が作者の側には起こる。しかし、登場人物の口を借りてその味覚経験を伝えてしまったら、日常からかけ離れたせりふになってしまう。そこで、登場人物のせりふというかたちではなく、登場人物の内的経験として言語化するわけである。心理描写というかたちでなら、日常の食卓では起こりえない美味の表現も読者にとがめられることなく、「自然に」おこなえる。味覚表現の華ともいえる開高健や岡本かの子の記述は、まさにフィクションの言語がもたらした産物なのだ。小説の語りに内包されるふたつのコミュニケーションレベルの要請にたくみに応えたのが、登場人物の心理描写という方法だったのである。

五　おわりに——対話からの距離

この章では、食卓の会話、エッセイ、グルメ漫画、小説といった、異なるコンテクストにおけるおいしさの表現を追いかけてきた。おいしいとしか言いようがないはずなのに、味覚表現はその一方で豊かに展開しているのはなぜなのか。本来なら不自然なはずの味覚表現がなぜフィクションにおいて受け入れられるのか。このふたつの謎を解きたかった。そして、その解答として表現のコンテクストにかかわる要因を用意した。章を終えるにあたり、コンテクストの特殊化という観点からこれまでにえた知見を振り返ってみよう。味ことばの謎を解く試みが、同時に、エッセイやフィクションの言語の特徴をあきらかにすることをここで確認したいのである。

ことばにとってもっとも基本的なコンテクストは対話である。当然ながら、対話ではことばのやり取りが交わされる。このことばのやり取りを一時的に停止して、過去の出来事についてまとまったお話をするのが語りである。聞き手にさえぎられることなく、まとまったお話をするだけに、語りという場では対話のやり取りとは異なった言語行為が見られる。そして、書きことばがかかわると、ことばの様相もさらに変わる。

これまで私は、対話から口頭の語りへ、そして書かれた語りへと発話のコンテクストが特殊化していくにつれて、私たちの言語行為も影響を受けて変化することを主張してきた（『語りのレトリック』および「話法とコンテクスト――自由直接話法をめぐって」）。今回、扱った味覚表現についても、ほぼ同じことがいえる。対話から書かれたモノローグ（独話）へ、そして書かれた語りへとコンテクストが変われば、味覚表現も大きく変わった。食卓では「おいしい」や「うまい」に限定されていた味覚表現は、エッセイでずっと洗練され、フィクションの語りでは食卓の話者が及びもつかないほどの饒舌や繊細さを身につけた。

コンテクストの変化についてもう少しくわしく説明しよう。食卓の会話は、右のコンテクスト特殊化の図式ではもちろん対話に該当する。対話は近接的な状況であり、そこでは味覚表現に一定の生理的な制約が付きまとう。一方、料理エッセイなどの書き物は、書きことばによる独話である。味覚体験のコンテクストからは遠隔化され、双方向的な伝達はここでは不可能となる。また、書きことばを用いることによって、口頭言語に頼る対話的状況よりもレトリックを練ることが容易になる。さらに、漫画と小説には、登場人物のせりふや経験を伝えるという、語りの要素が加わる。ここでは、登場人物間の微視的なコミュニケーションと、作者から読者へと向かう巨視的なコミュニケーションからなる、ふたつの伝達の流れが存在する。また、伝えられることばの形態も、漫画ではおもにせりふだけであるのに対して、小説は、地の文と登場人物のせりふや思考を含み、さらにコンテクストが複雑化

図7　味覚表現とコンテクストの特殊化

	食卓の会話	エッセイ・日記	漫画	小説
ディスコースの形態	対話	独話	語り	語り
使用言語	話しことば	書きことば	話しことば	書きことば，話しことば
近接・遠隔	近接的	遠隔化	遠隔化	遠隔化
参与者	話し手，聞き手	書き手，読み手	書き手,読み手，登場人物	書き手，読み手，登場人物，語り手
伝えられることばの性格	せりふ	記述(,せりふ，思考)	せりふ(,思考)，絵	せりふ，思考，ナレーション
伝達経路	1方向	1方向	2方向（微視的/巨視的）	2方向（微視的/巨視的）

する。このようなコンテクスト特殊化の流れを図示すると、図7のようになる。

食卓の会話から、エッセイへ、そして漫画・小説へと向かうにつれて、発話のコンテクストは特殊化されていく。そして、それにともない味覚表現にかかわる制約が薄れ、美味の表現は豊かになっていく。ことに、味覚経験のコンテクストから遠隔化されることと、フィクションの語りに固有の、ふたつの伝達レベルの要請に応えることとが、味覚表現の豊かさに大きな影響を与えていた。このように、コンテクストの構造が変われば、私たちの言語行為もいや応なしに影響を受けるのである。

これまでのことばに関する研究は、話しことばと書きことばの比較をおこなうものをのぞけば、対話なら対話のみに、小説なら小説のみに焦点を当て、ほかのコンテクストと比較するという視点をもたないものがほとんどであった。これに対し本章は、対話を基準点とし、当該のコンテクストが対話からどのくらい隔たっているのかという距離の概念を念頭に置きながら、ことばのあり方について考えてきた。食卓における味覚表現には強い制約が課されているので、これを基準点とし、エッセイや漫画、小説における美味の表現がそこからどれほど隔たっているのか、その距離を浮き立たせたかったのである。

七の皿　文学で味わう　「光を飲み」「思い出を食べる」こと

一　詩人との会食

ブリュッセルでの出会い　ジョルジュ・バラルという無名の一青年は、偶然出会った詩人ボードレールとの思い出を『ボードレールとの五日間』という本に書き残した。彼は、ボードレールと初めてとった昼食の領収書を、終生たいせつに保管していた。場所はベルギーの首都ブリュッセルにあったレストラン「タヴェルヌ・デュ・グローブ」、一八六四年九月二十六日、月曜日のことである。

パンとサービス	0.50
ビフテキ　ポテトスフレ添え二人前	2.50
グリュイエールとバター二人前	1.15
コーヒー二人前	1.00
コニャック二人前	0.80
ポマール　年代物	3.00
計	8.95

これはあり合わせの「本日のおすすめ」の献立であり、けっして詩人の嗜好を反映したものではない。当時パリではビフテキは時代遅れで、ローストビーフがおしゃれとされていたらしい。しかし二人は「パリ風に」コーヒーとコニャックを混ぜて「グロリア」という飲み物にして飲んでいるし、詩人お気に入りのブルゴーニュ産ワイン、ポマールを一本あけている。

このバラル君はパリ大学生だったが、有名な写真家ナダールの秘書として、ブリュッセル初の気球による空中写真撮影の手伝いに来ていた。ナダールは気球乗りとしても有名で、一八六二年に池田筑後守を代表とする江戸幕府の使節がパリに来たときも、歓迎の意を込めてパリで気球を上げている。ボードレールは彼のカメラによって、不朽の肖像写真を何枚も残しているが、金策のために訪れたブリュッセルで偶然写真家に再会して、気球に乗せてもらうことになった。たまたまボードレールの愛読者だったバラルは、準備に忙しいナダールの代理で詩人の接待を引き受けたのである。急いで間に合わせの昼食をとった彼らは現場に急ぐが、結局定員オーバーで気球が浮上できず、ボードレールは一旦乗り込んだゴンドラから降ろされて残念がっている。

奇特にも詩を暗唱するくらい熱心な『悪の花』の読者だったバラル君は、ボードレールに気に入られ、翌日の昼食に招かれる。それを彼は「信仰をともにするものの共食(agapes)」と呼んでいる。詩人の滞在するホテルの部屋での食事は次のようだった。

ナプキンは木目模様に輝くより抜きの布地。シェフはフランス人。

オードブルはなし。ベルギーには、その習慣が存在しなかった。

フランス風オムレツ。それもウサギの血とキノコの入ったもの。卵一〇個を使ったコンドルセ風オムレツ。

モーゼルのブドウ畑で採れたウズラ。ブドウの葉で包み焼いたものを薫り高いパイ皮にのせて。

季節の野菜とフランス風サラダ。

フランドルの精選されたバター。

年代物のロックフォール、洋なし、ブドウ、ハシバミの実のデザート。

ワインは正統派のコルトン。

コニャックとコーヒー。コーヒーはモカ。アラビア産でイギリスから輸入されたものをフランスのフィルターでドリップしたもの。

ここではいちいち、ベルギー風のものとの対比が、詩人によって語られている。ベルギーのオムレツはぺちゃんこ。ろくに卵をかき混ぜもしない。膨らんでいるのがフランス風。ベルギーでは布袋にチコリを混ぜてコーヒーを入れる習慣があり、変な匂いがする、云々。

ワーテルローでの昼食　さらに二人は翌日ワーテルロー見物に繰り出す。鉄道と馬車を乗り継いで、ナポレオンゆかりの名所を見学した後、村のレストランで「ヴィクトル・ユゴーと同じメニュー」を注文する。ナポレオン三世からフランスを追放されたユゴーは、『レ・ミゼラブル』の取材のために訪れたワーテルロー周辺が気に入り、執筆のためにしばしば滞在していたのだった。


まずカラフの水。

三つの卵を三角に並べて焦がしバターをかけたもの。

フランス風のフライドポテト。（ベルギーではめったにお目にかかれない代物。指で一個ずつつまんで食べるのが正しい。ブリヤ・サヴァランもそう言っている。二人はおかわりした。そばに塩の容器が添えられているが、オリーヴオイルを使うフライド・ポテトも、穴がたくさん開いた塩の容器も、ユゴーたちが持ち込んだものだった。）

グリュイエール・チーズの塊。（これもフライドポテトに合うとブリヤ・サヴァランが推奨。）

ユゴーの飲むワインは、そんなに古くないボルドー。水で割って飲み、一瓶で六日間もつ。

（二人はポマールを注文して一瓶あけた。）


二人はユゴーの晩餐についても聞き出すが、それはおろしたグリュイエールを混ぜた熱いポタージュ、よく焼いた肉、野菜、果物、ポマールだった。

ユゴーはけっして美食家ではなく、むしろどんな取り合わせでも食べてしまう悪食で有名だった。この昼食のメニューでも、フライド・ポテトはともかく、肉も魚もない。ボードレールは若い頃から、ロマン派の領袖であるユゴーを評価せず、ベルギーに来てからは、亡命中のユゴー支持者の根城となったベルギーに憤懣を募らせていた。その彼にして、このフライド・ポテトには降参だったのである。

食べる詩人　とにかくよく食べ、よく飲むこの二人の食事は、ボードレールのホテルの部屋で、イギリス風のハーブ入りパンとホテル自家製のジャム、極上のワインであるコルトンをしみじみと楽しみながら、作詩法やアカデミーの存在意義などを語り合って終わっている。これはこれで質素ながら贅沢な会食で、変な形容だが日本の侘び茶にも似た渋さを感じさせる。

バラル君との別れの後、知られているとおり、ボードレールの財布は急速にしぼみ、窮乏生活の果てに一八六六年に脳梗塞らしき病に倒れ、友人たちの手でパリに運ばれ、言葉を失ったまま翌年四六歳であの世に旅立つことになる。

しかしこの大学生の残した記録からも、ボードレールがいかに五感の幸福というものを知っていたかがよくわかる。現代フランスの詩人イヴ・ボンヌフォワは、『悪の花』の中でも目立たない詩である「私は忘れない、あの郊外の小さな家…」を絶賛して、ここにボードレールの本質があると言っている(『ボードレール、忘却の誘惑』)。この詩は幼い詩人が、父の死後、パリ郊外の質素な家で母と暮らしていたとき、夕餉の食卓に黄金の光が斜めに射し込んだ一瞬の至福を歌ったものだが、無限なもの、絶対なもののためにこの相対的な現実を無視し、未来への進歩のためにこの現在を犠牲にすることを説いてやまないロマン主義への見事な反措定になっているというのだ。確かにそういうつかの間の至福は、後にプルーストが一生かけて追求したものに通じている。

ドイツの哲学者ヘーゲルは、『精神現象学』の冒頭で、「いま・ここにあるものが真実でいいじゃないか、なぜわざわざ哲学なんてする必要があるんだ」と主張する人々を論破するために、「いま・ここにあるパンや葡萄酒も、飲んだり食べたりしてなくなるじゃないか。そんなにすぐなくなるものが真実であるわけないだろう」と言いがかりに近い批判をしている。いま・ここにあるものを全肯定して、それに熱中するなどと言うのは動物でもやっていることで、人間たるもの、「いま・ここ」を成立させている構造とはなんぞやという深遠な課題に取り組むべきであると彼は言い張り、うっかりその言葉にのせられると彼の雄大な体系の中を引きずり回されたあげくに、「絶対精神」という煮ても焼いても食べられないものにまで連れて行かれるのだが、彼の体系の始まりで「飲み食い」というものに軽蔑的態度が表明されているのは面白い事実である。確かにそれは破壊的な消費行動であり、そこで破壊されるものが永遠普遍の真理であるわけがない。

一方で文学は、「今ここで一杯の酒が飲めるなら、世界がどうなろうと知った話か」（ドストエフスキー『地下室の手記』）を基本的な構えとしている。いま・ここにあるものは、つかの間のはかないものであり、それゆえに「真実」の名に値しないかもしれないが、それぞれがかけがえのないもの、二度と取り戻すことのできないものだ。特にボードレールは、「僕は考える、けっして、けっして二度と見いだせないものを失ってしまったすべての人たちのことを」（「白鳥」）と歌った詩人である。それだけに、あえて「一期一会」と呼んでもいいような快楽と哀惜とを、食事に求めて不思議ではない。

二　ベルギー vs. フランス

ベルギー料理への非難　ところで先ほども触れたが、ボードレールとバラル君の食事をめぐる会話は、二つの体系の対比から成り立っている。フランスとベルギーという二つの系列である。二人ともがパリの都心部の生まれ育ちであるだけに、地元の飲食物には不満たらたらである。

たとえば第一回の食事では、「本当の」ポマールについて、ボードレールは「腹に心を与えてくれる」と表現、バラル君は「味わい豊かで、ブルゴーニュワインの力強い官能的香り(fumet)を放っている」と賞賛している。ここでの<fumet>という言葉は、「煙」<fumée>から生まれた言葉で、本来調理したばかりの肉の香りを意味していた。これと対立しているのが、カラフ入りの水で、ボードレールは「ぞっとするからこいつをどけてくれ」と給仕に注文している。喉の渇きを癒すことはできても、そこには何の香りもないからであろう。

第二回の食事でも、ボードレールは「ホテルのシェフは僕に気を使ってくれる、だって僕の胃はブリュッセルの消化の悪い餌の重たさを受け付けないのだから」と述べる。

オムレツ。ベルギーのは、卵をろくに混ぜてもおらず、膨らみがなく、だらっと広がっている。塩胡椒もせず、味気なく消化に悪い。コンドルセ風オムレツは、「ほかほか(fumante=fuméeの類縁語)」であり、ボードレールは「この黒い肌の女の腹を開いてやろう」と言いながら、ナイフを入れている。他人の嫌がる言葉遣いを好んだ彼らしいせりふだが、サディスティックな官能的表現は、後に論じるグリモ=ド=ラ=レニエールに通じる。ボードレールの終生の愛人は、アフリカの血を引いていた。

ワイン。コルトンを飲みながら、「ベルギー人が絶対正当に評価できないワインだよ」と述べる。

コーヒー。ベルギー風にチコリの混ぜものをしていない、フランスのフィルターで濾過したもの。

第三回の食事。ユゴーの持ち込んだフランス風フライドポテトと、ラードや羊の脂身で揚げたベルギーのポテトとの対比。「かりかりとしているが、柔らかい。」その夕食も同じホテルでとっているが、その記述はなし。おそらく簡単なベルギー風の食事ではなかったか。

最後の食事。わざわざ中身のしっかり詰まったイギリスパンを購入。本来ディジョンのブドウとともに食べたいところだが、入手できないのでホテル自家製のジャムで代用。

このように見ていくと、ボードレールが、物質としての自己主張の強い、重たい、固い、脂っこい料理を嫌い、香りは高いが胃には軽い、表皮は香ばしく焼けても口溶けのよいものを好んでいたことがよくわかる。

『衣を脱いだベルギー』には料理について、次のような記述がある。

料理の疑問

天火焼肉というものはない。

すべては蒸し煮にされる。

すべて酸敗したバタで（倹約のためか好んでか）調理されている。

ひどくまずい野菜（生のままでも、バタいためしても）。

煮込み料理というものはついぞない。

ベルギーの料理人たちは、味付けのよくきいた料理とは、塩たっぷりの料理のことだと信じている。

デザートと二の皿の廃止は特徴的な事実である。

果物はない。トゥールルネ産の果物は——そもそも美味いだろうか——英国に輸出される。

最後にパンはひどいまずさで、水っぽく、しまりがなく、焦げている［…］

ここでもやはり、肉やパンの、外はこんがりと香ばしく、中はふくよかな感触、あるいは野菜や香辛料の合わさった複雑な香りが望ましく、それを台無しにする蒸し煮調理や腐ったバタ、ふやけたパンが非難されている。

美食のフランスと粗食のフランス　確かにパリの詩人であるボードレールにとって、洗練されていない料理が苦痛であったことには間違いがない。彼が青春を送った七月王政のもとのパリは、カレームなど高名な料理人が輩出し、「シュヴェ」「ヴェリー」「カフェ・ド・パリ」などの贅沢なレストランが隆盛を極めており、成長期にあった大衆向けジャーナリズムの格好の話題となっていた。その様子はバルザックの小説に活写されている。大デュマは、自ら料理に関する本を出版するほどの食通であったのみならず、ジョルジュ・サンドらに手作りのフルコースを振る舞うだけの腕前を持っていた。

だがなにもボードレールが、そういう贅沢を求めて、ベルギーの田舎料理を非難しているわけではないことは、フライド・ポテトのエピソードや、別れの食事がパンとジャムだったことではっきりしている。先に引用したベルギー料理への罵倒の続きには、「結局、私は間違っている。フランドル料理というものがあるのだから。しかしこれは家庭にもとめにゆかなければならない」と書き留めている。素朴な家庭料理を認める一方で彼が罵倒しているのは、いかにも食通ぶったわりに、ただの上っ面の物まねに終わっている、「フランス風」料理のことなのだ。

パリの上流階級はともかく、下層階級の食生活がどのようなものであったか、北山晴一が『美食の社会史』で、克明に数字を上げて紹介している。歴史家のピエール・ギラルも、『資本主義黄金時代のフランスにおける日常生活』に、さまざまな著名人の証言を引用しているが、それによると、ボードレールが一時心を寄せていた（詩人の片思いの気配が強いが）社会主義者のプルードンは、ドイツやスイスの国境に近いフランシュ・コンテ地方の生まれであるが、若いときの食事を「朝はトウモロコシの粉を溶かしたもの、昼はジャガイモ、夜はラードのスープ」と語っている。ほど近いミュルーズ市の労働者たちは、十九世紀中頃、朝はカフェ・オ・レとパン、九時頃にパン、十一時頃にジャガイモとラード、三時頃にパン、七時か八時頃にカフェ・オ・レという食生活で一日働いていた。当時のフランス人は、平均して一日一キロのパンを消費していたらしいが、そのパンも今のものをイメージすると間違っている。一八五二年にある軍人がグルノーブルへの移動の途中、峠の補給所でパンを買うが、そのパンは「一年に一度まとめて焼いたもので、金槌で叩き割って水に浸さないと食えない」代物だった。それでもあるだけましで、ジャン・ヴァルジャンがパンを一切れ盗んで監獄行きになるのは、小説の中では十八世紀末のことだが、実際にユゴーがパン一切れ盗んで罪に問われた徒刑囚を見たのは、一八四六年のことである。

そういう食事に比べれば、ブリュッセルという都会の料理は質量ともにはるかに洗練されている。不満はどこにあったのか。

詩と食事の魅力　ベルギー料理とパリ風料理の対比に戻ると、ベルギー料理は腹は膨れるかもしれないが、「受け入れにくい」という性格付けがされている。それは手を加えた振りをしているのに、あまりに「なま」の、つまり食欲をそそる「香り」のない料理なのである。それはただ裸であるだけの肉体、汚いトイレにもたとえられるかもしれない。とにかく目をつぶり鼻をつまんで欲望を満たせばいいと言うならともかく、食べること、性行為をすること、排泄することにも、その人間的なレベルで言えば、ある昇華、ある美の感覚が要求されるのだ。ましてやそれを語ることには、さらなる配慮が必要とされる。

フロイトは恋愛詩について、他人の色事など本来どうでもいいことで、しかもそれがもてない悩みとか失恋のぼやきなどになると嫌悪感が募って当然なのに、みんな好んで恋愛詩を読むのは、詩という言語形式が、それらのいとわしい感情を受け入れやすく、あるいはむしろ好ましいものに変換するからだ、しかしその変換過程は謎だと述べている(「詩人と空想すること」)。実は料理についても同じことが言える。それはいとわしいものを好ましいものに変える謎に満ちた変換過程なのだ。その変換が遂行されていることを示すのが、香りなのである。

ボードレールにおいては、肉という生の素材が調理されることによって香りを放つという、変換作用が重視されている。食を支えているのは、消化器官であり、それが消化吸収するのは、端的に言って動植物の死骸である。しかしそれが、料理されることによって官能を刺激する神々の食事に変わる。ダンディは、自らを自意識という堅い外皮で包むことにより、動物的自然から自らを離脱させる。女性も、悪臭を放つ内臓を抱えた血と肉の塊にすぎないが、化粧や衣服を身にまとうことによって、かぐわしい香りを放つ魅力的な対象になる。獣の腐乱死体から、「恋愛の、形と神聖なる本質とを」(「腐屍」）発見したと叫び、「きみは私に泥を与えたのに、私はそれから黄金を作ったのだから」（「悪の花・エピローグ草稿」）とパリの町に呼びかける詩人は、終生「苦悩の錬金術」である芸術に仕えた殉教者でもあった。その意味で芸術と料理は、同じ作用なのである。動物と同じレベルの人間の生から出発して、それを神々のレベルにまで高めるのだ。

十八世紀文化と美食　フランスとベルギーとの違いは、つまるところ、十八世紀という時代を体験したかどうかに尽きる。ベルギーという国家は、ナポレオン時代はフランスの領土であり、彼の没落後、ウィーン会議でいったんオランダに併合される。しかしフランス系のブルジョワジーが独立を画策し、さまざまな妥協と策略の結果一八三〇年に立憲王制国家として出発するが、王様も借り物なら、議会の有権者も人口の一パーセントを占めるフランス系ブルジョワ階級だけだった。言語も複数、文化も宗教も複数という状況で無理やり成立した国家であるがゆえに、ここ百年以上にわたって地政学的な「地域」や文化的「共同体」がもめ続けている。もともと西欧随一と言えるほど繁栄したフランドル地域は、近世にはハプスブルグ家とブルボン家の勢力争いの狭間で衰退を続け、オランダやイギリスの資本主義の鋭気も、フランスの爛熟した貴族文化も我がものとすることができなかった。いきおい、ごく一部のフランス系ブルジョワジーに引きずられるかたちで、伝統ある民衆の生活文化とは無関係に、フランスからの借り着を全身に着込んで、新たに国家として出発せざるを得なかったのである。

注意しなければならないのは、ボードレールのベルギーへの嫌悪は、同時代への批判の文脈から表明されていることだ。もちろん十八世紀のロココ的な優雅さを信条とする彼の趣味があることは確かだが、「ベルギー」という単語で指示されているのは、実は産業化していくフランスであり、アメリカであり、グローバル化する世界のことである。詩人の同時代人であるマルクスの言葉を借りるならば、資本主義は、人間の生活を動物的レベルに留めることで、こちらがわに剰余価値を、そしてその対局にプロレタリアートを生み出し、人間の生命自体を労働力商品という形で商品化していく。そのうえ人間の生を動物的レベルで肯定して見せ、なおかつその食や性愛にまつわる動物的欲望を刺激して利潤をあげるべく欲望を根本からシステム化していく。ホルモン注射や暗闇での飼育で肥育された家畜を、効率的に調理し供給される「餌」が、あたかも絶品のごちそうであるかのように思わせるファースト・フード産業、食べることを忌避し、宇宙食のような栄養食品やスポーツドリンクで生命維持することを推奨する疑似医学。そうしたものが支配する世界を、ボードレールはベルギーの彼方に洞察していたのである。過去の経験を積み重ねてきた人間の舌にとって「受け入れやすい」ものよりも、産業にとって生産しやすいものに、人間の嗜好を一致させてしまう世界だ。

ボードレールにとっては芸術も料理も恋愛もが、偶然命をこの世に得た「私」が、この生を神から与えられた必然的な生に変換する結節点だった。刻々と失われていくはかないもの――香りがその代表だが――から、いかに普遍的で一般的なものを生み出すかが、彼の終生の事業だったのである。「そこではすべてが美しく、豊かで、物静かで、実直な、まことの〈桃源郷〉［…］そこでは料理までもが、詩的であると同時に脂濃く、刺激でもある。そこではすべてがあなたに似ているのだ、私の愛しい天使よ」（「旅への誘い」）。

三　味覚の昇華

「思い出を食べる」　彼の詩には、「飲む」「味わう」「食べる」という言葉が、奇妙なねじれを持って使用されている。

「私といえば、気の触れた男のように身をひきつらせ、嵐が芽生える鉛色の空、彼女の目の中に飲んだ、金縛りにする優しさと、命をうばう快楽とを」（「通りすがりの女に」）「ああ！　許したまえ、きみの膝の上にこの額をおき、灼熱の真白な夏を惜しみつつ、暮れゆく季節の　黄色くやわらかな日射しを味わうことを！」（「秋の歌」）「響きにみちたこの港に、私の魂がなみなみと　飲むことができるものは、香り、音、そして色」「きみこそは、私が夢にふけるオアシス、また、思い出の葡萄酒を、ゆっくりと味わいすする瓢ではないだろうか」（「髪」）「きみの口の水が、歯なみの縁辺に　満ち寄せれば、私は飲む心地がする、苦く誇らかなボヘミアの葡萄酒を、私の心に星をちりばめる　液体の空を！」（「踊る蛇」）「きみの弾力あるしぶとい髪をもぐもぐ噛んでいると、私は思い出を食べるような気がする」（「髪の中の半球」）。

いずれもきわめて抽象的なもの――「優しさ」「快楽」「日射し」「思い出」「空」など――を、この口唇で噛みしめ、舌の上を転がし、飲み下している。しかもそれは、恋人との一瞬の愉悦の瞬間であり、別れと没落の予感の中で噛みしめられている味わいであった。

フロイトの言う「口唇愛的性格」は、現実を進んで受け入れ、肯定する人間を指している。突飛な例になるが、若き空海が室戸岬で修行中に、明けの明星が口に飛び込んで食べてしまった体験を語っているのは、「煩悩即菩提」という現世肯定的な彼の密教思想の性質を如実に表したエピソードだろう。

面白いのは、文学作品の中でボードレールが食べるのは、こうした抽象概念、物質概念のみなのである。散文詩の中で、レストランでの食事が背景に描かれることはある。しかし、実際に口に入れ、咀嚼するのは、こうした「日射し」「思い出」ばかりだ。

回避される味覚描写　ボードレールは、非常に鋭敏な嗅覚を持った詩人である。彼にとって香りは、官能を刺激する重要な要素であった。彼の詩から香りに関する記述を引用するとかなりの量になる。ただ面白いことに直接味覚に関する表現は存在しない。たとえば、有名な「万物照応」という詩がある。この詩は、以前は大まじめに象徴主義の玄義を説いたものと受け取られもてはやされていたが、最近ではロマン主義の頽廃期に流行した神秘的学説のパロディと解釈されるのがふつうである。いずれにしても、この詩は、人間のすべての感覚が一つに融合していく様を描いているには違いないのだが、視覚、聴覚、嗅覚は登場しても、触覚と味覚には触れられていない。

バラル君自身の語りにも、彼が引用するボードレールとの会話の中にも、「おいしい」「甘い」など当然出てきてよい単純な味覚についての表現が、ほとんど出てこないことは注意に値する。料理は「かりかりした」「柔らかい」など触覚で表現されるか、「フランス風」「神々の食事」など抽象的な修飾、比喩で語られるかどちらかである。

同じことは十九世紀の文学作品の全般について言える。

執筆が一段落するたびに豪快に食べまくることで知られたバルザックは、『結婚の生理学』では、ラブレー的な話題、つまり食べることと排泄することなどをおめず臆せず語っている。しかし小説の中では意外にお行儀がよい。ぜいたくな食事を描写するときには、「シュヴェの店であつらえた」などと言ってすましている。三島由紀夫は「長谷川一夫のような美男子」といっても、時代が変われば読者にわからなくなるから、歴史に残る名作を心がける作家はこういう表現は慎むべきであると書いている（『文章読本』）。シュヴェの店は十九世紀を通じて有名だった名店だが、今の読者にはぴんとこない。

さらにゾラの大作『パリの胃袋』など、味覚についての描写がありそうなものだが、実はどこにも見つからない。この小説は、視覚、聴覚、嗅覚、触覚を総動員した一大食物絵巻なのだが、意外に味覚そのものは一切語られないのである。

それはまず、人間関係の葛藤を主要テーマとする近代文学にあっては、会食は基本的に人間関係の場であり、料理を描写するにあたっても、人間関係の結節点としての意味のほうが大きく、物そのものとしての料理はそこに埋め込まれるかたちにならざるをえなかったことが理由として挙げられる。

だがそれにもまして、味覚の描写が一人称における肉体感覚の描写に他ならず、それゆえに忌避されなければならなかったことも理由であろう。視覚や聴覚はある輪郭を持った時間や空間の広がりを持ち、その点嗅覚も漠然とはしているが広がりを持つ。ところが触覚はこの肉体の表面を覆う皮膚の感覚を語るものであり、味覚に至っては、このささやかな口腔内部の粘膜の感触以外の何ものでもない。それを語ることは、肉体の反対側に控える粘膜部分、肛門や生殖器の感覚を語ることと同じように隠微な行為なのだ。

サドにしても、恐るべき陵辱のシーンを描いているが、粘膜の感触がどうだったかなど一言も言っていない。食事の内容は克明に書いていても、その味に関しては黙秘している。十九世紀のポルノグラフィーも、意外にこの規律を守っているのである。

一八五七年に出た初版の『悪の花』は、風俗紊乱の咎で告発され、いくつかの詩の削除を命じられる。それらの詩は今読むと、何が問題なのかわからないが、確かにある肉体の感触を歌っているのは確かである。ヘーゲルが言っているように、食べることは排泄すること、性交することと同様、動物でもやっていることであり、それにかかずりあうことは人間としての品位を問われることなのだ。しかしボードレールは、それを語ることにこだわったのである。語ることは、フロイトの言葉のように、昇華させること、美的形式を与えることであり、だからボードレールでは、味覚が香りという昇華された形を取って表現されていると言うこともできる。

なおボードレールと美食に関しては、『ボードレール　詩の冥府』で、フランソワーズ・サバンが別の視点から論じている。本論も共鳴する部分が多い。

風俗化する美食術　文学的には彼の後継者であると見なされる詩人でも、嗅覚に関する表現はあまり見られない。ヴェルレーヌはあくまでも、幻想的な聴覚と視覚の詩人である。パリで育ったものの、元来北フランスの田舎者である彼は、とてつもない大食漢だったが、キャベツとジャガイモと豚の脂身があればよく（ずっと貧乏だったためでもあるが）、彼を敬愛する若い詩人たちを馬車の御者のたまり場である安食堂に招待して辟易させている。その点ランボーも似たようなもので、正真正銘の北フランスの田舎少年であるから、草の匂い程度しか歌わず、「どうせ食うなら、石や鉄など食いたい」と書いている。ヴェルレーヌに紹介されたパリの詩人たちとうまくいかなかった理由の一つは、まじめくさった会食に退屈したことにもあった。マラルメは、この雑ぱくな混沌である現実世界を、絶対の秩序を体現する一冊の書物で置き換えることを夢想した。象徴派と言われる詩人は、基本的にこの世のことがらに関心を持たず、あるいは積極的に拒否し、内面へと創作意欲を集中させた。それゆえ食べることには無関心であるしかなかっただろう。世紀末にはやったすさまじい食事会、糞食や果物にエーテルを振りかけ食べたりする奇癖は、食事への軽蔑の表現でしかない。

もともと美食術は、後で問題にするグリモ＝ド＝ラ＝レニエールに見られるように、大革命以前の貴族文化、特にリベルタンの生み出した享楽文化への執着から始まった事実がある。ところがジャーナリズムの発展の過程で、美食に関する書物や記事が大歓迎され、批判の対象であったはずのブルジョワ階級が、社会的なステータスとして食通ぶりを競う事態が生じる。そうすると逆に食事への軽蔑が、ブルジョワジーへの反感の印にもなる。

ボードレールが生きた第二帝政は、食文化が花開いた時代であるが、それでも味覚そのものに関する表現は乏しいように見える。ナント生まれで主にボルドーを中心に活動したマイナー・ポエットでジャーナリストであるシャルル・モンスレは、美食に関する著作をいくつか著し、食通として有名になった。彼は美食術の女神を十人目のミューズとして勧請し、次のような大げさな賛歌を捧げている。

「美食術の女神は、あらゆる環境、あらゆる世代の喜びである。それは美とエスプリを与える。

それはわれわれの瞳の濡れた青空に、黄金の火花をちりばめる。われわれの唇に珊瑚の色合いを染め付ける。髪をぴったりと撫でつけさせる。鼻孔を知性でふるわせる。雅な恋に寛容さを添える。同時にあらゆる感覚に訴えかけ、あらゆる詩を要約する。音楽と色彩の詩、味わいと香りの詩、触れるという至高の詩を。森の苺、丘陵のブドウ、扇情的なサクランボ、産毛の生えた桃をたずさえて、彼女は甘美である。怯えたのろ鹿、目のくらんだ雉を抱く、彼女は逞しい。美食学は、野放図な物質主義から、もっとも高尚な精神主義へと突き進む…」

モンスレが対象としているのは、新聞の読者であるブルジョワ一般大衆である。彼は食について語ることを躊躇すべき立場にない。しかし言葉遣いが、むやみに抽象的であることに注目されたい。モンスレは、悪友にだまされて、とんでもないげてもの料理を食わされながら偉そうに講釈をたれ、後で「俺には妻も子もあるのに…」と号泣したという、落語の「酢豆腐」のようなエピソードを残している。言葉遣いが、具体性を欠くのもやむを得なかったのかもしれない。彼は一八八八年のクリスマスの直前に死ぬが、「こりゃ運がいい。トリュフ添えの葬式だ」と言い残したと伝えられる。天晴れ食道楽と言いたいところだが、「ベルギー人は味わいを知らずに見栄でワインを飲む」とボードレールが罵ったような、味覚音痴にも関わらず通人ぶりを競う美食ブームにのっただけの人とも言える。

『ビリティスの歌』などで、官能的な作家として名をなしたピエール・ルイスの『アフロディテ』には、古代ギリシャの晩餐の場面が描かれ、アフロディテと同時に泡から生まれたような海老だとか、とろ火で焼き続けて羽の色の変わらない白鳥の丸焼き、詰め物をした孔雀、その他古代ギリシャ語なので一般読者には何のことかわからない料理が列挙された後、とどめの一撃とも言うべき料理が出てくる。「半身はローストされ、半身はブイヨンで煮られた子豚。どのように殺されたか痕跡もなく、どこから詰め物をしたのかも見分けられない。詰め物はよく太った鶉《うずら》、若鶏の内臓、雲雀、たっぷりしたソース、外陰唇の薄切りに挽肉…」案の定、その味については一言も言及がなく、会食者はプラトンの『饗宴』にならって、ひたすら哲学的議論にふける趣向である。ここまで来れば、頭の中のグルメというべきで、自慰行為と変わらない。

ユイスマンスのイロニー　そうした俗衆を嫌悪して、象牙の塔に立てこもろうとする青年を描いたのが、ユイスマンスの『さかさまに』である。主人公のデ゠ゼッサントは、グリモを真似た陰鬱な晩餐会など放蕩を尽くし、すべてにうんざりしてこの世から自分の痕跡を抹殺することを決意する。消化器官を壊したため、隠遁のはじめには次のような食生活だった。夕刻五時に昼食、半熟卵二個、ローストした肉、お茶。夜中十一時に夕食。一晩中お茶、コーヒー、ワインを飲み続け、明け方に夜食をつまみ就寝。また「味覚のオルガン」と称する奇怪な装置をあつらえ、鍵盤を押すと各種の酒が注がれる仕組みを楽しむ。しかし、芸術に関して壮大な蘊蓄を傾けているこの小説は、飲み食いに関しては、名前だけ羅列するものの、きわめて言葉少ない。

「味覚のオルガン」からグラスに注いだアイリッシュ・ウィスキーをすすりながら、彼が思い出すのは、歯医者にかかったときの不快な口の感じである。味覚に興味をなくした彼が、ひさしぶりに食べ物の味への関心を取り戻すのは、医者の処方する栄養浣腸の調剤法を見たときだ。彼は浣腸を好きに調味しようと工夫する。ここでも食べることと排泄することが結びつけられている。結局デ＝ゼッサントは医者の命令でパリに帰る羽目になるが、ヘーゲル流に言えば、動物に等しい自分を力ずくで否定し、純粋な精神になろうとした青年が、逆に自分の肉体に復讐されたというわけだ。自虐的なブラック・ユーモアを伴いながら、人間の動物性を直視する点で、ユイスマンスは象徴主義と自然主義の狭間にいる。

詩人でもあったユイスマンスは、デートの最中に彼女が突然手をふりほどき、草むらに駆け込んだあと、雨音のような音が聞こえてきたために、逆上絶望して自殺を考える青年を歌った詩も書いている（「恍惚」）。たぶん彼にとって、味覚について語ることは、排泄について語るのと同じことだった。自虐的なユーモアなしには、話題にできなかったのである。

だからこそ、プルーストが、紅茶に浸したプティット・マドレーヌの味について、『スワン家のほうへ』でこと細かに描き出したのが、いかに斬新であったかがわかろうものである。おそらくここに母の、母乳のイメージを感じ取っても間違いではあるまい。近代が忌避した味覚表現の彼方には、肉体への忌避があり、その肉体は、エディプス・コンプレックスによって禁じられた母の肉体に違いない。そこへの接近を固く戒めるところに、家族関係、そして社会が成立するのである。

四　タブーとしての味覚

味覚と慎み　こうした肉体にまつわる表現の忌避は、十七世紀から進行し始めた「習俗革命」の一環に位置づけられる。ルネサンス末期の大作『ガルガンチュワとパンタグリュエル物語』では、食事や排泄は堂々たる主題であり、ブラントームの『好色女傑伝』では、相手かまわずところかまわず性行為にふける貴族の男女の姿が、何の遠慮もなく描かれている。ところがエリアスが『文明化の過程』で大枠を描き、ミュシャンブレッドが『近代人の誕生』で詳細に分析しているように、次第に清潔さ、慎み、節度といったものへの配慮が、エリートの条件として要求されるようになる。それは足を「隷従の道具」、白髪を「恋の領収書」と呼ぶことを義務づける「プレシオジテ（才女気取り）」で絶頂に達する。十九世紀初頭にパリでシェイクスピアの『オセロ』が上演されたとき、「ハンカチ」という言葉が舞台上で発せられるのを聞いて、ショックを受けた淑女がばたばたと失神したというエピソードは、いかに生々しい肉体を厭う感性が自然なものになっていたかを示している。

しかし古典主義時代にも、確かに料理の味わいを語った文学が存在する。モリエールの『町人貴族』では、主人公のジュールダンが宴席で長広舌をふるう。

表面をカリッと焼き上げたパン。こんがりとキツネ色で、あちこちに焦げ目がついて、口の中でサクサクと音を立てて崩れていく食感のパン。まろやかで芳醇な香りで、あまり若すぎないワイン。パセリで香り付けをした羊の霜降り肉の塊。たっぷり脂ののった子牛の腰肉。こーんなに長くて、真っ白で、柔らかくて、噛むとまるでアーモンドペーストみたいにとろけて。びっくりするくらい香りがいいヤマウズラに極上のソースを添えたもの。それから極めつけは、真珠色のとびきりのスープ。それに子鳩を四隅に並べたまるまるとした若い七面鳥、タマネギにチコリを絶妙に組み合わせて。

『町人貴族』は、柄でもないのに貴族を気取るジュールダン氏を笑いものにする喜劇であり、このせりふも、何もわかってはいないのに、食通ぶって決まり文句を並べ立てる主人公の俗物ぶりを際だたせるものと考えていいだろう。誉めたことではないのである。

貴族文化の爛熟した摂政時代、バロックからロココへと移りゆく時代は、人間の限界に対する諦念に満ちた洞察を、優美な官能性が淡く包み込んだような感性が支配していた。バロック音楽の響きや、フラゴナールやワトーの絵画に感じられる哀感に満ちたエロティシズムが、その感性をよく語っている。そんな雰囲気の中で、コレージュ・ド・フランスのラテン詩学教授を務めた謹厳なアカデミシャンであるドリール師は、「コーヒー」という詩をこの流行の飲み物に捧げている。

……

我が思いは悲しく、ひからび、もぬけの殻だった。
いま彼女(我が思い)は笑い、豪奢に装いお出かけになる、
そして私は、天与の才気が目覚めるのを感じ、
一滴一滴に太陽の光を飲む心地がするのだ。

「太陽の光を飲む」という表現は、「思い出を食べる」と表現するボードレールの教養の在処をよく示している。詩人の父は、ドリール師と同じロココから大革命の時代を生き抜いた十八世紀らしい

教養人だった。もっともボードレールは、ロマン主義を経た強烈な色彩感を伴って、「飲む」行為を描いているし、彼が「飲む」のは「太陽の光」のめぐみではなく、「優しさ」「快楽」であり、「味わう」のは「暮れゆく季節の光」である。

十九世紀への抵抗　文芸評論家のフィリップ・ミュレは、ボードレールが十九世紀という時代にあって、いかに孤立したロココ的な感性を守り抜いたかをその大著で詳細に論じている（『終わらざる十九世紀』）。ミュレによれば、一七八六年に都市衛生のため、死体をゴミと定義し、サンティノサン墓地の移転を実施したことが、すでに十九世紀の兆候であった。それが、革命の理念実現のためには一民族の殲滅をも辞せずという、大革命期の恐怖政治に連なる。死体がゴミなら、社会に有害無益な人間は生ゴミである。個々の命は、より大きな目的のためにはためらいなく犠牲にされるべきである。この原則は、十九世紀から、革命と戦争の世紀であった二十世紀へと、問い直されることなく受け継がれていく。

しかし利潤の追求を至上命題にする資本主義社会にとって、破壊と殺戮はけっして効率のよい社会管理の手段ではない。だから近代社会は、個々の命の安全と衛生を配慮するという形で、節制と規律への服従を社会構成員に無条件に要求する。これにより個人は、内面化された規律に自縄自縛にされ、「自由な主体であること」を強制される。

もともと西欧の民衆文化に存在していたカーニバル的な要素が、禁欲的な「四旬節」に敗北していくのが、文明化・近代化の過程であった。それでもアラン・フォールによれば、十八世紀の末くらいまでは、裸の男たちが行進しながら、前の男のお尻になすりつけられた辛子を手に持ったパンで拭って食べてみるなどという出し物を、パリのカーニバルで見ることができたそうである。しかしエリート的な禁欲文化が、最終的に民衆文化を駆逐するのがこの時期で、鯨飲馬食や性的放縦を伴う徹底的な価値転倒の実践というカーニバルの本意はいつしか忘れ去られ、観光客を呼び込むための整然とした行事と化していく。

しかしフーコーの『性の歴史』を持ち出すまでもなく、近代人は性愛に深く関わり合ってきたし、十八世紀末以降の料理法を教える書物の大流行に見られるように、食べることにも絶えず関心を増大させてきた。ヴィクトリア女王の時代のイギリスは、性愛に関する情報が氾濫する一方で、性愛を語ることが固く禁止された時代でもあり、このダブル・バインド状態が、多くの「ヒステリー」と呼ばれる神経症患者を生み出した。同じように、食に関する情報の氾濫と、痩せた身体の礼賛、食への恐怖の鼓舞から、同じようなダブル・バインドが発生し、今多くの拒食症患者を生み出している可能性があることが、精神科医の浜垣誠司により指摘されている。節約の倫理と、流行商品の追求との間にも、「買い物依存症」を生み出す同じようなダブル・バインドが見られる。

このように近代においては、一夫一婦制の家庭が礼賛される一方で売春が盛行し、ダイエットが流行する一方で飽食が勧められ、家計の倹約が義務づけられる一方で贅沢品があふれるというダブル・スタンダードがまかり通るのだが、声高に語られるのは、いずれも前者の倫理であり、後者は発展過程のマス・カルチャーでこそ関心を集めるが、ハイ・カルチャーの中では目立たないように周縁に据え置かれる。

十八世紀の主な小説を論じながら、アンヌ・ドネ=チュネーは「生物学的な生の肉体、自然な肉体はこれらの小説には登場しない」と断言している。

ルソーの『新エロイーズ』では、ヒロインであるジュリーの肉体（らしきもの）が描かれるのは二度だけである。一度目は、書簡五四で、ジュリーが留守の間に彼女の部屋に入り込んだ主人公サン=プルーが、彼女の下着を手に取り夢想にふける場面。直接彼女の肉体が描かれるわけではないが、そのコルセットに残った歪みで、ジュリーの肉体の形を感じ取る描写がある。もう一つは結末部分で湖に落ちたために病死したジュリーの死体が腐乱を始めて、鼻が曲がってきた場面である。ヒロインの肉体は、下着の痕跡や抜け殻という形で暗示されるにとどまる。バルザックの『谷間の百合』では、主人公の青年はモルソフ夫人の肩の白さとなめらかさに打たれて恋に落ちるが、肉体描写は後にも先にもこれだけで、後はひたすら純潔を守ろうとする二人の悪戦苦闘が描かれ、最後には錯乱した夫人が、男女の関係にならなかったことを後悔しながら死ぬことになる。欲望の存在を肯定するバルザックは、行きすぎたプラトニック・ラヴ崇拝への批判のつもりでこの作品を書いたのだが、肉体に関する表現は巧妙に回避している。しかし両者において、ともに肉体は強烈な関心事であることは間違いない。

五　リベルタンと美食術

リベルタンは食う　繰り返すが、こうした状況下で、肉体の、特に内臓関係の原始感覚である味覚について語るのは、何か背徳の匂いのする行為とならざるを得ない。ロラン・バルトは、『サド・フーリエ・ロヨラ』の冒頭におかれたサドについての論文で、「私たちは、リベルタンの食べるものを知ることができる」と述べて、『ソドムの百二十日』の例を挙げている。そして「リベルタンたちにとっての食事は、時にはそれなくして放蕩が成立しないような贅沢の印である。贅沢がそれ自体官能的だからではなく、それに必要な金銭が貧民と富豪、奴隷と主人との分け隔てを確立してくれるからである」と言う。さらに時には、美食は怪物性の印であり、リベルタンの肉体の壮健さの誇示である。美食は放蕩の消耗をいやし、媚薬や毒薬を仕込むのに役立つ。奴隷のほうの食事も豪華であるが、これは肥らせた後「絞める」ためと、見事な食用の糞便を入手せんがためである。味覚については語らないにしても、リベルタンたちは執拗に食事について語り続けたのである。十九世紀に美食術を広めた第一人者は、そのリベルタンの残党と目すべき人物であった。

リベルタンの残党グリモ＝ド＝ラ＝レニエール　北山晴一は、先にも言及した『美食の社会史』で、料理批評の元祖と言えるグリモについて、その料理用語に演劇的メタファーが使用されていることを論じた後、「グリモの文体には、サド文学に通じる一種の背徳性が感じられる。会食演出に死の観念が常に漂っていたように、彼の言説には、明らかに意図的な性的アナロジーが感じられるのである」と指摘している。死のオブセッションについては、食事会の招待状が葬儀の告知のパロディになっているのがわかりやすい例として挙げられるが、北山はさらにグリモが肉食の暴力性を強調するような言辞を弄した例をいくつも上げている。グリモは料理を語るときに、そして実際に食事会を演出するときにも、性と暴力をテーマにした壮大な芝居掛かりで表現しているのだ。そう言う食事会の常連で友人でもあったのが、サドと並ぶ好色文学の書き手とされたレティフ＝ド＝ラ＝ブルトンヌであった。

裕福な徴税請負人の家に生まれながら、先天的障害で両手に指が一本ずつしかなかったと言われるグリモの鬱屈が、料理という表現にはけ口を求めたようにも見える。キュルノンスキーは、ソースを誉めるのに「このソースでなら親父も食える」とグリモが言ったというエピソードを紹介しているが、こういう警句が彼の身上だと言える。料理を語るには、ある自虐的な黒いユーモアが必要だったのである。彼の美食批評は、ある意味で成り上がりのブルジョワジーに対する嫌がらせでしかない。ところが逆説的にも、ブルジョワ階級は、グリモの言説に飛びつき、社会的ステータスを示す蕩尽行為として、彼の教えを実践したのである。

グリモと同時代を生き、同じように美食術の元祖となったブリヤ＝サヴァランには、そういう陰惨な鬱屈は見られないではないかという異議があるだろう。しかし彼の『味覚の生理学』は、フランス料理の神髄を求めてページをめくる人が必ず失望するように、実はどちらかというと食事をだしにした人生論であって、料理法の紹介を本質としていない。筋金入りのパリジャンで、自ら料理人を指揮して家畜の解体などに精を出していたグリモと違って、ブリヤ＝サヴァランは山奥の小都市を支配する司法官僚であって、実際パリやヴェルサイユの頽廃した貴族文化の爛熟を体験してはいないのである。

それよりも注目したいのは、ブリヤ＝サヴァランが大革命の動乱のさなか、穏健派として恐怖政治を逃れ、スイスからアメリカへとあてどない流浪を続けた時期に『味覚の生理学』を構想した事実と、弁護士だったグリモが、放縦がすぎて資格を剥奪され、修道院に幽閉されている時期に決定的に料理に目覚めた経緯が、まったく軌を一にしていることである。二人とも革命によって決定的に失われた「十八世紀的なもの」への哀惜の念から、食べることについて語っているのだ。さらにそこに、今は忘れられているが、彼らに先んじて一八〇〇年に「美食術」という詩を発表して、パリ市民から大好評を得たジョゼフ・ベルシューを加えてもよい。ベルシューも地方ブルジョワ出身ながら貴族にあこがれ、王党派として大革命で辛酸をなめた後、やっと帰った故郷でこの詩を書いたと伝えられる。ブリヤ=サヴァランの場合は、いかにもバロック的な優雅さ、剛直な合理主義を内包した寛容さが読みとれ、その主張も現在のエコロジーやスローフード運動につながるものがあって、産業的な食に対する抵抗としてわかりやすいところがある。ではグリモが哀惜している十八世紀性とはどのようなものなのか。単に貴族社会や放蕩を懐かしんでいるだけとは言い切れないところが、彼の執着から感じ取れる。

宴席という儀礼　フーコーは『監獄の誕生』で、国家権力のあり方が十八世紀の後半に大きく転換したと指摘している。その変化は、処刑方法の変化に象徴される。一七五七年、ルイ十五世の暗殺未遂で処刑されたダミアンは、手足を四匹の馬につながれ、身体各所を切開され、そこに溶けた鉛を流し込まれながら、一日がかりで八つ裂きにされた。ところがこういう処刑方法は、これを最後に姿を消す。ここまでは、あらゆる犯罪は国王の身体に対する傷害として、公衆の面前で過酷な刑罰を与える儀式で国王の権威は保たれてきた。これ以降は、いかに犯罪者を効率的に処罰するかが問題となる。その結果誕生したのが、「監獄」という画期的な施設である。この施設で犯罪者は、見えないようにこっそりと処罰される。その処罰は、客体的な身体として徹底的に管理矯正されることで遂行される。近代社会では、すべての人間が自由な主体であるかのように振る舞うが、いざことが監獄となるといかなる主体性も認められない。しかもそこで徹底的に客体として管理されることにより、無害な主体として再生するというおかしな話がまかり通る。では社会を構成する「自由」な主体はどうなのだろう。客体として教育され、惨めな欲望を持つように強いられているのではないか。大げさな言い方をあえてすれば、弁護士グリモはこの偽善が我慢ならなかったのである。

儀礼的暴力としての食卓　もともと放蕩（リベルティナージュ）は、キリスト教の道徳と来世の永遠の観念を嘲笑して、この生命体としての人間の限界を探求するところに快楽を見いだそうとしたものである。このタンパク質の機械である肉体を、システマティックに限界まで酷使することによって、道徳が禁じた限界の彼方まで暴走しようとする企てである。それは限界の認識を、他者への配慮という優美な微笑で包んだロココの世界と裏腹であり、限界の認識を他者の利用という手段で徹底的に追及しようとするものだ。だからサドの小説の世界では、放蕩者は、宗教的苦行にも似た厳格な禁欲的規律を要求される。快楽とは、ある肉体の用法から生まれるのであり、欲望の満足から生まれるものではないからだ。そしてある種の快楽のためには、犠牲者の存在が不可欠である。犠牲者もシステマティックに、厳格な規律に従って拷問されなければならない。グリモの『招客必携』が、「肉の切り分け方」で始まり、動物たちの死体をどう切り裁くかの図が延々と載っていることの意味を考えてみられたい。

刑罰が見えないところで執行されるように、あるいは、あらゆる犯罪者が更正可能だと信じられるように、われわれの食料となる動植物は、こっそり見えないところで殺害されるか、無限に生き続け供給され続けると信じられる。食事は、動植物の暴力的な殺傷なくして、犠牲者の存在なくして成立しない。それを主体として食らう人間も、死ねばまた蛆虫に食われうる存在である。グリモが料理における性愛や暴力の残酷性を強調したのは、暴力の痕跡を抹消し、すべてを清潔で衛生的なプロセスに見せかけるブルジョワ権力のあり方——生かせる権力——への憤懣のためだということができる。近代人は、自らの身体を監視する主体を内在化させ、自ら客体として管理の対象になることで個人として完結した存在になる。主体として他の命を暴力的に奪い、客体として暴力的に食われうる存在である身体を、他者として忘却するところに近代人の自我は成立しているのである。フランスのテレビでは、料理番組がスタジオを走り回る鶏を絞め殺すところから始まったりする。その点では、日本のほうが、より偽善的と言えるかもしれない。だから子供が四本足の鶏を絵に描いたりする。

グリモの描き出す宴席の演劇性は、宴席が食べ物と参会者の死と再生の場であり、永遠に現在が続くかのように偽装している日常とは、違った空間であることを強調するためと言える。過度に儀式化された宴席は、サドの小説の主人公たちが苦行に耽る場に似ている。

先ほども言ったように、グリモの嫌悪の対象であったブルジョワ階級は、何のためらいもなく彼の推奨する美食術に飛びついた。それはまさしくバルトが語っていたとおり、「贅沢に必要な金銭が、貧民と富豪、奴隷と主人との分け隔てを確立してくれるから」に他ならないだろう。美食術のミリュウは売春のミリュウと重なる。グリモの意図とは異なって、そこではすべてを金が解決するのであった。

六　近代日本で味わう

飯食う漱石　以上のように考えてくると、夏目漱石の『坊ちゃん』で、蕎麦や団子を食うことが、学生と教師のトラブルの種になるのは、教師たるものが人前で屈託なく食事をとることを認めないエリート文化と、人間は腹が減るものだし、美味いものは美味いと言って何が悪いという都市民衆の文化との葛藤が原因であるということがわかる。明治中期の中学生は間違いなく地元のエリートだし、しかも場所は城下町である。「武士は食わねど高楊枝」の見栄と、動物的な満足を率直に表現すべきではないという西洋流の慣習がごちゃごちゃになって、江戸っ子教師への嘲笑をかき立てているのだ。しかしこの感性は、赤シャツが温泉宿で芸者としっぽりやることを容認し、憧れさえするダブル・スタンダードの感性である。そのエリート文化の偽善性に突貫攻撃を仕掛ける二人が、文科系の人間ではなく江戸と会津出身の理科系の数学教師であるという設定は、意外に大切な意味を持つ。西洋文化や儒教の流れで、文科系のエリートがハイ・カルチャー世界の住人たらざるを得ないのに対して、電車の技師になる主人公のような例では、知識の獲得と伝統的な都市庶民文化は、必ずしも矛盾しないからである。十九世紀における十八世紀文化への執着が美食術を生んだように、滅び行く江戸文化への愛着が、大食らいのヒーローたちを生んだと言える。

とても食物に対する執着が強かった漱石は、『草枕』の主人公に、羊羹の色について深く考えさせたり、『三四郎』の廣田先生に、水蜜桃やミル貝の干物の付け焼きを食べさせてみたり、随所にさまざまな仕掛けを施している。この両作品で、漱石が当時としては大胆な女性の入浴シーンを描いていることも、味覚と性愛との関連で見逃せないところである。俳句の「腸《はらわた》に春滴るや粥の味」などは、ドリール師の「太陽の光を飲む」と似た趣があって、お粥を食べるたびに必ず思い出してしまう名作と言えよう。これ以上に粥の味を的確に表現することは難しいのではないか。俳句という格別に俗なジャンルであるからこそ、「腸に滴る」と内臓感覚を生々しく表現し得たのだろう。俳文から出発した『吾輩は猫である』に、食事のエピソードが豊富なのも、当然である。

谷崎の「美食倶楽部」

しかし生々しい味の描写にかけては、谷崎潤一郎に及ぶものはない。特に「美食倶楽部」で、微に入り細を穿ち描写される舌の感覚は、類例を見ない。そして目隠しされた主人公の口に女の指が突っ込まれ、その指が口の中をかき回すうちに、極上のハムや白菜の煮物に変わっていく描写などは、そのような料理がありえないことをわかっていても、何となくおかしな気分にさせられる。先に引用したピエール・ルイスの「どこにも傷がないのに詰め物されている子豚」も空想料理であるが、こちらはまったく味の見当がつかない。もちろん単純明快に、谷崎の語る女の指は、そのまま母親の乳首であり、与えられるどろどろした料理は母乳であろうから、この体験のない人間はほぼいないのに対して、ルイスの言うややこしい子豚料理を食べたことのある人間はほぼいないという事情があろう。

だが「美食倶楽部」に話を戻すと、何となくこの小説は尻切れトンボに終わる感じが否めない。やはりバッカス的な大饗宴は、どろどろした混沌へと突入していくものであり、佳境に進んで行くほど、言語という分節作用の働きと対立してしまうのである。いかに谷崎といえども、赤ん坊が初めて母乳を吸うときの感動を言語で再現するのは不可能だったのだろう。

食べ物について堂々と語る谷崎が、排泄に関しても譲るはずがなく、あの雄編『細雪』をヒロインの下痢で終わらせてみたり、『武州公秘話』では主人公の武士が城の姫君を待ち構える場所を便所の糞壺の中に設定してみたり、『少将滋幹の母』では、思いをかけた姫君を嫌いになるために、その糞便を食べてみようとする公家の話を『平中物語』から取り込んでいる。しかしフランスのリベルタンのように、タブーを踏みにじっているという気負いがないのが、谷崎の面白いところで、神様のいないところで遊んでいる悪魔がいても、あまり悪魔らしくないだろうというのと同じである。母への愛着にしても、エディプス・コンプレックスを蹂躙して母親に近づくと言うよりも、ぬけぬけと乳房にしがみついたまま大きくなったような感じである。これは日本文化の、あるいはバリ島などにも見られるポリネシア文化の母子関係に見られる特性であろう。

「美食倶楽部」でも、谷崎は「フワフワ」「クタクタ」などの表現を駆使している。味覚を表現するのに、「まったり」とか「こってり」とか、日本語では奇妙なオノマトペめいた表現を使うが、角田忠信は、『日本人の脳』などの著作で、日本列島やポリネシア系の人々が、自然の音を言語脳で情報処理していると力説している。オノマトペは、自然の音と言語の境界線にあるような表現だが、味覚というきわめて原始的な感覚を表現するには、そうした曖昧模糊とした表現が向いている面があるのかもしれない。それに対して、自然としての人間から文化としての人間を切り離して、後者を優位に置く西欧文化は、味覚そのものを語るすべを失ったと言える。カサノヴァは、女とお互いに口移しで生ガキを食べさせあった体験を書き、「私はカキの汁以外に愛する女の口から何を吸ったのか！　それは彼女の唾液である」と威張っている。同じ場面を谷崎が書いたら、はるかにべろべろぐにゅぐにゅした（オノマトぺです）生々しい場面になったに違いない。だが同時に背徳の匂いは薄れ、どこか健康的な雰囲気になったに違いない。

七　吉田健一の美食

吉田健一と十八世紀西欧　母親不在という幼児体験のためか、恐るべき雑食に走った檀一雄や、メガロマニアというべき開高健の料理にも、触れておくべきかもしれない。開高の、半分廃墟になったブラジリアで、電柱を切り倒して牛一頭を串刺しにして丸焼きにする話は、ラブレー的にばかばかしいことでは日本文学史上類を見ないだろう。

だがボードレールで始めた話は、吉田健一の『私の食物誌』をもって掉尾としたい。吉田健一は、単に食通というのみならず、ボードレールに深い理解を示しながら、ヨーロッパがもっとも完成した姿を見せたのは十八世紀だ、十九世紀以降西欧は堕落と崩壊の一途をたどったと語って倦むことのなかった文人だから。彼の食べ物談義からは、あきらかに死の匂いが漂ってくる。以下は石川県で泥鰌《どじょう》の蒲焼きを振る舞ってもらったときの思い出話である。

余り褒めたらそこを立つ時に友達の家の方が大きな重箱にこの泥鰌の蒲焼きを一杯詰めて駅まで持って来て下さって、これでいいお土産が出来たと喜んでいるうちに少し又食べてみたくなり、北陸線で直江津、長野を回って上野に着くまでに重箱が空になってしまった。折角のお土産を家に着くまでに平らげたのはこの時だけである。

空の重箱でもって、おいしさを表現する技巧はさりながら、これだけでは単なる健啖家にすぎない。続けて彼は語る。近所の造り酒屋で立ち飲み用の朱塗りの椀をもらった時の話だ。

併しこんな入れもので泥鰌の蒲焼きを肴に作り酒屋で酒を飲むなどというのは遙か秋の日射しがその朱に映っているところを思わせる。

高度成長前の北陸の田園地帯でのことだ。朱塗りの椀に日本酒が注がれ、そこに秋の日が射しているところを想像されたい。彼が飲み干すのは、まさにその秋の日の光がさす時間と、照らされる場所のたたずまいそのものである。秋の日は暮れやすい。今は同じ場所にたぶん郊外のバイパス道路が走り、回転寿司やラーメン屋、ファミリー・レストランの看板が林立しているのだろうか。だが吉田健一が書き残しておいてくれたおかげで、読者もその戻らない過去の一瞬の光を「飲む」ことができるのである。「遙か」という言葉が底知れない効果を上げている。この秋の光は死の彼方から射しているのだ。

光を食べる　吉田健一は、もろに「光を食べる」体験をも語っている。鰹の味を説明するのが、案外困難だという話の続きである。

それとどういう繋がりがあるのか解らないが、この魚に就いてはっきり言えることはこれを旨いと思う時に必ず氷を食べている感じがすることである。勿論ただの氷ならば何の味もするものではない。併しもし日光がそのまま凍ると言うことがあったらばどうだろうか。殊にそれが清水に差している日光だったらばである。それが鰹の味に思われてくる。（「五月の鰹」）

ここでも清水に射し込んでいる光を、さらに凍らせて食べるという奇想が語られている。ドリール師はコーヒーを褒め称えて、「太陽の光を飲む」と表現した。これは気分的な明るさや温かさ、活力を実感することの比喩だと考えられる。立原道造の「五月の風をゼリーにして持ってきてほしい」という言葉も、あるさわやかさや軽やかさを求めている比喩だと考えることができよう。しかしボードレールの「去りゆく季節の光を味わう」「快楽と優しさを飲む」という表現も、光を飲んだり噛み砕いたりする吉田の表現も、何か原義があって、それが比喩されているとは考えにくい。何か他に表現のしようのないぎりぎりの体験を語っているように思える。

それは流転する世界を、自らの身体のもっとも根源的なところで受け入れると言うことではないだろうか。この世界の空間に満ち満ちる光、時間の中に堆積する思い出に対して身を開き、自らの存在と不可分のものとして肯定すること、過去にからめ取られたり、未来へと急き立てられたりするなかで、過去から到来して未来へと消えていくこの現在を永遠に欲すること。そして彼らにとっては、鰹のたたきを食べるなど、日常の食事もその実践たり得たのである。

だからボードレールも吉田も、死の予感なくして食べることができないし、没落と失墜の感覚なくして、食べることを語り得ないのだ。まず第一に、現在は絶えず失われていくものであること。ヘーゲルが言っていたように、いま・ここにあるものは食べたらなくなってしまう。食べている私も同時に消えていく。第二に、世界と結びあう実践としての食事そのものが、産業化によってどんどん困難になるためである。社会の学校化・病院化にともなう、食事の「給食」化である。コッペパンとおでんと牛乳とかいう献立を、不思議とも思わなくなったことは、実は恐ろしいことではないだろうか。

日本は曾て西洋料理も世界一に旨い国だったのである。

（「日本の西洋料理」）

これは昔がよかったのではなくて今が積極的に悪いので、それを今は駄目だというと直ぐに昔はよかったことになることからも現在の世相が如何にぎすぎすしたものであるかが感じられる。それは豪華とか豪奢という言葉がむやみに使われるのから見ても解り、どこを見てもないものに憧れると言うこともある。それが実は我々にとってなくてはならないものであるならば今日の我々は食べるものさえもない。尤もこの食物誌の全部がまだ昔話でない所に或は多少の望みが残っている。

（「千葉の蛤」）

昭和四十年代半ばの言葉である。どこに行っても同じ味のファースト・フードが幅を利かせ、地元の名物は悉くラーメンという現在の日本に、彼が生きているのでなくてよかった。もちろん人々が飢えから解放されたのは、絶対的によいことである。阪神淡路大震災の時に、当時の中内ダイエー社長が大量に送り込んだコンビニのおにぎりは、多くの人を救った。インスタントラーメンが、その人にとってかけがえのない記憶となることもおおいにあり得る。しかし同時に、産業から大量供給される画一的な食事が、人々から何かかけがえのないものを見いだす機会を奪っていることも確かなのだ。

バタイユは、性欲が自然の本能であるという考え方を斥け、近親相姦の禁止、そしてその禁止の蹂躙が人間の性の基本となったと説いている。その言い方を借りれば、人間の味覚は、母の胎内で味わった羊水などの体液や血液、そして母乳を禁じられるところから始まる。三木成夫は『胎児の世界』で、玄米スープに母乳の味を感じ取り、さらにそれを生物学者らしく、生命を生み出した海の水の味わいにまで接続させている。われわれは、生まれてきた環境、母胎の味わいを記憶の奥底に沈め、その味を禁じられることによって、さらにその味へ執着し洗練を極めてきた。味覚とは、ある環境に偶然生み落とされ、生を営んできた歴史的な存在の原始感覚なのである。ボードレールや吉田健一が言っているのは、そうした実存的な原始感覚を離れたところで繰り広げられる食事は、どのように手が込んだものであっても、人工的な「餌」であり、借り物の味覚であり、死体を消化吸収しているにすぎないと言うことである。「光を飲み」「思い出を食べる」と言うことは、「なぜか生まれてしまった」根拠のないこの肉体の原始感覚の根底から、「いま生きている」ことの根拠をつかみだすことなのである。「享楽」とはそういうことなのだ。

デザート――食後のことば

「別腹」は実在する！

これをはじめて聞いたとき、「幽霊は実在する」と同じレベルのインチキだろうと思った。牛の胃ではあるまいし、まさか人様の胃袋に「別腹」などあるわけがない。

ところが、専門家の話はよく聞いてみるものである。甘いものは体にプラスになる。このプラス信号を口にすると、たとえお腹がいっぱいのときでも、たちまち胃袋は中身を押し下げてデザートが入るだけのスペースを空けるという。

これが別腹の正体だった。

＊　　＊

日本言語学会第一二七回大会（二〇〇三年一一月二二日、大阪市立大学）のシンポジウム「味覚の言語学」は、普段と様子が違っていた。パネリストには言語学者のみならず、味覚生理学や認知心理学の専門家が並び、四時間におよぶ活発な議論の応酬は、けっして予定調和的に進むことはなかった。味覚のことばを論じるだけでなく、それが脳や心のしくみとどう関係するのか、サポートが得られるのか得られないのかという点にまで話が及び、コメンテータやフロアからの刺激も加わって大いに盛り上がった。

本書は、その成果である。シンポジウムでは時間の制約があって果たせなかったが、今回新たに仏文学（食にうるさいことには定評がある）の小山俊輔氏と腎臓移植体験をもつ西洋史学（イタリア・ルネサンス）の澤井繁男氏に加わってもらった。これで味の饗宴がさらに豊かに、カバーする範囲も一層広がった。元のパネリストも議論を通じて多くを学び、考え直し論を立て直した。

振り返ってみれば、ほうれん草は夏のものか冬のものか、私たちはもう忘れかけていないか。その一方で、ファーストフードに対するスローフードを見直そうとする人たちがいる。このような時代にあって、本書が食と味について新しい見方を生みだすきっかけとなれば、執筆者すべての喜びである。各方面からの活発な議論を期待したい。

なお、校正については再校の段階で池田しおりさんと藤川勝也君による献身的な助力をえることができた。ここに記して謝意を表したい。

二〇〇四年　師走　川富にて

瀬戸賢一

おもな文献

一　日本語文献（アイウエオ順）

相原由美子、二〇〇三年、『おいしいフランス――極上の素材を訪ねる』、岩波書店。

嵐山光三郎、二〇〇一年、『頬っぺた落とし　う、うまい！』、筑摩書房。

伊藤正男、一九八六年、『脳のメカニズム』、岩波書店。

岩田誠、一九九六年、『脳とことば――言語の神経機構』、共立出版。

うえやまとち、一九八六年、『クッキングパパ』二巻、講談社。

うえやまとち、一九九四年、『クッキングパパ』三七巻、講談社。

S・ウルマン、一九六四年、『意味論』（山口秀夫訳）、紀伊國屋書店。

岡本かの子、一九九三年、『岡本かの子全集　六』、筑摩書房。

小田希望、二〇〇三年、「甘くてスウィート」、瀬戸賢一（編著）『ことばは味を超える――美味しい表現の探求』、海鳴社。

開高健、一九九二年、「黄昏の力」、『開高健全集　第9巻』、新潮社。

開高健、一九九二年、「ロマネ・コンティ・一九三五年」、『開高健全集　第9巻』、新潮社。

開高健、一九九三年、「越前ガニ」、『開高健全集　第15巻』、新潮社。

勝見洋一、一九九五年、『恐ろしい味』、文藝春秋。

金関亜紀、二〇〇四年、『「日本全国うまい焼酎」虎の巻』、エイ出版社。

雁屋哲（作）・花吹アキラ（画）、一九八八年、『美味しんぼ』一五集、小学館。

雁屋哲（作）・花吹アキラ（画）、一九九六年、『美味しんぼ』五七集、小学館。

雁屋哲（作）・花吹アキラ（画）、一九九八年、『美味しんぼ』六六集、小学館。

河合美佐子、二〇〇四年、「レモン味？――酸味、甘味、レモン香」、日本心理学会第六八回大会ワークショップ「かおり高き味な研究をめざして――基礎から応用」発表資料。

G・P・キュルノンスキー、二〇〇三年、『美食の喜び』（大木吉甫訳）、中公文庫。

金水敏、二〇〇三年、『ヴァーチャル日本語――役割語のなぞ』、岩波書店。

小泉武夫、二〇〇三年、『食あれば楽あり』、日本経済新聞社。

小森道彦、一九九三年、「共感覚表現の中の換喩性」、『大阪樟蔭女子大学英米文学会誌』二九号、四九―六五頁。

小森道彦、二〇〇〇年、「共感覚表現にみられるメトニミー的基盤について」、『英語英文法研究』七号、一二三―一三四頁。

小森道彦、二〇〇三年、「もっと五感で味わう」、瀬戸賢一（編著）『ことばは味を超える――美味しい表現の探求』、海鳴社。

国立国語研究所、一九六四年、『分類語彙表』、秀英出版。

国広哲弥、一九八九年、「五感を表す語彙――感覚的比喩体系」、『言語』一八巻一一号、二八―三一頁。

楠見孝、一九八五年、「共感覚に基づく形容表現――感覚形容詞の意味構造と比喩の良さの規定因」、『日本心理学会第四九回大会発表論文集』、五九七頁。

楠見孝、一九八八年a、「共感覚に基づく形容表現の理解過程について――感覚形容語の通様相的修飾」、『心理学研究』五八巻三号、三七三―三八〇頁。

楠見孝、一九八八年b、「共感覚的メタファの心理――心理・語彙論的分析」、『記号学研究』八、二三七―二四八頁。

楠見孝、一九九〇年、「直観的推論のヒューリスティクスとしての比喩の機能――提喩・換喩に基づく社会的推論の分析」、『記号学研究』一〇、一九七―二〇八頁。

楠見孝、一九九五年、『比喩の処理過程と意味構造』、風間書房。

楠見孝、一九九六年a、「聴覚の世界――聞くこととメタファ」、『言語』、二五巻二号、三六―四三頁。

楠見孝、一九九六年b、「感情概念と認知モデルの構造」、土田昭司・竹村和久（編）『感情と行動・認知・

生理』、誠信書房。

楠見 孝、二〇〇一年、「比喩理解——なぜわかるのか？ どうして使うのか？」、森敏昭（編）『おもしろ言語のラボラトリ2』、北大路書房。

楠見 孝、二〇〇二年a、「メタファとデジャビュ」、『言語』三一巻八号、三二—三七頁。

楠見 孝、二〇〇二年b、「類似性と近接性——人間の認知の特徴について」、『人工知能学会誌』一七巻一号、二—七頁。

楠見 孝、二〇〇二年c、「メタファ研究の総括、二一世紀に向けて——認知心理学の立場から」、『日本認知言語学会論文集』二巻、二六八—二七一頁。

グリモ＝ド＝ラ＝レニエール、二〇〇四年、『招客必携』（伊藤文訳）、中央公論新社。

斎須政雄、一九九二年、『十皿の料理』朝日出版社。

B・サラヴァン、一九六三年、『美味礼賛』（関根秀雄訳）、白水社。

R・E・シトーウィック、二〇〇二年、『共感覚者の驚くべき日常』（山下篤子訳）、草思社。

東海林さだお、二〇〇三年、『ケーキの丸かじり』、文藝春秋。

瀬戸賢一、一九九五年a、『空間のレトリック』、海鳴社。

瀬戸賢一、一九九五年b、『メタファー思考』、講談社。

瀬戸賢一、一九九七年、『認識のレトリック』、海鳴社。

瀬戸賢一、二〇〇二年、『日本語のレトリック』、岩波書店。

瀬戸賢一（編著）、二〇〇三年a、『ことばは味を超える——美味しい表現の探究』、海鳴社。

瀬戸賢一、二〇〇三年b、「共感覚表現——「一方向性の仮説」を反証する」、JELS 20、一四九—一五八頁。

辰巳芳子、一九九九年、『旬を味わう』、NHK出版。

寺沢大介、一九九四年、『将太の寿司』九巻、講談社。

M・ドゥロン、二〇〇二年、『享楽と放蕩の時代』（稲松三千野訳）、原書房。

永井紀之、二〇〇四年、『パティシエ フランス菓子職人の仕事』、PHP研究所。

日経サイエンス（編）、二〇〇三年、『養老孟司 ガクモンの壁』、日本経済新聞社。

新田晴彦、一九九四年、『スクリーンプレイ学習法——シナリオのからくり、セリフのなりたち』、スクリーンプレイ出版。

日経サイエンス（編）、二〇〇三年、『養老孟司 ガクモンの壁』、日本経済新聞社。

日本味と匂学会（編）、二〇〇四年、『味のなんでも小事典——甘いものはなぜ別腹？』、講談社。

北山晴一、一九九一年、『美食の社会史』朝日選書。

浜垣誠司、二〇〇二年、「現代女性のメンタルヘルスはどこに行くのか」、『メンタルヘルスはどこに行くのか』、批評社。

A・フォール、一九九一年、『パリのカーニヴァル』（見富尚人訳）、平凡社。

辺見庸、一九九四年、『もの食う人びと』、共同通信社。

C・ボードレール、一九八三—七年、『ボードレール全集』（阿部良雄訳）、筑摩書房。

C・ボードレール、一九八八年、『ボードレール 詩の冥府』（多田道太郎編）、筑摩書房。

伏木亨、二〇〇三年、『グルメの話 おいしさの科学』、恒星出版。

伏木亨（編著）、二〇〇三年、『食品と味』、光琳。

三木成夫、一九八三年、『胎児の世界』、中公新書。

水上勉、一九八二年、『土を食う日々——わが精進十二ヵ月——』、新潮社。

村田忠男、一九八九年、「〈触覚〉さわることば——ウルマンのデータを中心に」、『言語』一八巻十一号、六二—六七。

武藤彩加、二〇〇三年、『日本語の「共感覚比喩（表現）」に関する記述的研究』、名古屋大学大学院国際言語文化研究科博士論文。

モリエール、二〇〇一年、『モリエール全集・第8巻』（廣田昌義・秋山伸子編）、臨川書店。

森武佳津枝、二〇〇四年、「九州の紅茶」『Please—旅のライブ情報誌』二〇八号、二—七頁、九州旅客鉄道株式会社。

山口治彦、一九九八年、『語りのレトリック』、海鳴社。

山口治彦、二〇〇〇年、「話法とコンテクスト——自由直接話法をめぐって」JELS 17（日本英語学会第十七回

大会研究発表論文集）、二六一—二七〇頁。

山口治彦、二〇〇三年ａ、「さらに五感で味わう」、瀬戸賢一（編著）『ことばは味を超える——美味しい表現の探求』、海鳴社。

山口治彦、二〇〇三年ｂ、「共感覚表現と内省テスト——一方向性の仮説にまつわるコンテクストの問題」、『日本語文法』、三巻二号、二三—四三頁。

山添秀剛、二〇〇三年、「苦くてビター」、瀬戸賢一（編著）『ことばは味を超える——美味しい表現の探求』、海鳴社。

山梨正明、一九八八年、『比喩と理解』、東京大学出版会。

山本隆、一九九六年、『脳と味覚』、共立出版。

山本隆、二〇〇一年、『美味の構造——なぜ「おいしい」のか』、講談社。

山本隆、二〇〇三年、「おいしさの科学とおいしさの表出」『日本言語学会第一二七回大会予稿集』、一五—二〇頁、日本言語学会。

山本隆、二〇〇四年ａ、「おいしく味わう体のしくみ——子どもに豊かな味覚を」、『食べもの文化』一月号別冊、芽ばえ社、一—一二頁。

山本隆、二〇〇四年、『「おいしい」となぜ食べすぎるのか——味と体のふしぎな関係』、ＰＨＰ研究所。

Ｖ・Ｓ・ラマチャドラン、Ｅ・Ｍ・ハバート、二〇〇三年、「数字に色を見る人たち——共感覚から脳を探る」、『日経サイエンス』、八月号、四二—五一。

和田陽平・大山正・今井省吾（編）、一九六九年、『感覚・知覚ハンドブック』、誠信書房。

渡辺純、二〇〇一年、『ビール大全』、文藝春秋。

吉田健一、一九七二年、『私の食物誌』、中央公論社。

二　外国語文献（abc順）

Baron-Cohen, S. & Harrison, J. 2003. "Synaesthesia," In L. Nadal (ed.) *Encyclopedia of Cognitive Science*, Vol.3. London: Nature Publishing Group, 295-301.

Barral, G. 1995. *Cinq Journées avec Charles Baudelaire.* Obsidiane.

Barthes, R. 1980. *Sade, Fourier, Loyola.* collection Points.

Bonnefoy, Y. 2000. *Baudelaire: Tentation de l'Oubli.* PUF.

Chafe, W. 1992. "Immediacy and displacement in consciousness and language," In F. Coulmas and J. L. Mey (eds.) *Cooperating with Written Texts: The Pragmatics and Comprehension of Written Texts.* Berlin: Mouton de Gruyter. 231-255.

Chafe, W. 1994. *Discourse, Consciousness, and Time: The Flow and Displacement of Conscious Experience in Speaking and Writing.* Chicago: The University of Chicago Press.

Deneys-Tunney, A. 1992. *Ecritures du Corps.* PUF.

Dorman, G. 1994. *La Goumandise de Guillaume Apollinaire.* Albin Michel.

Fludernik, M. 1993. *The Fictions of Language and the Languages of Fiction: The Linguistic Representation of Speech and Consciousness.* London: Routledge.

Guiral, P. 1976. *La Vie quotidienne en France à l'Age d'or du Capitalisme.* Hachette.

Huysmans, J.-K. 1972. *Le Drageoir aux epices, Öuvres completes* de J.-K.Huysmans t.1, Slatkine.

Kusumi, T. 1987. "Effects of categorical dissimilarity and affective similarity of constituent words on metaphor apprecia tion. *Journal of Psycholinguistic Research*, **16**:6, 577-595.

Muray, P. 1984. *Le 19e Siècle à travers des Ages*, Denoël.

Sakamoto, S., Matsuishi, K., Arao, H., & Oda, J. 2003. "An ERP study of sensory mismatch expressions in Japanese," *Brain and Language* **86**, 384-394.

Tannen, D. 1986. Introducing constructed dialogue in Greek and American conversational and literary narrative. In F. Coulmas (ed.) *Direct and Indirect Speech.* Berlin: Mouton de Gruyter. 311-32.

Williams, J. M. 1976. "Syneasthesic adjectives: A possible law of semantic change," *Language* **52**, 461-478.

シェフ紹介（章立て順）

瀬戸賢一（せと　けんいち）
一九五一年生まれ。大阪市立大学文学研究科後期博士課程単位取得。博士（文学）。現在、大阪市立大学大学院文学研究科教授。専門は英語学・レトリック。おもな著書に、『空間のレトリック』（一九九五年、海鳴社）、『メタファー思考』（一九九五年、講談社）、『認識のレトリック』（一九九七年、海鳴社）、『文化と発想とレトリック』（一九九七年、共著、研究社）、『日本語のレトリック』（二〇〇二年、岩波書店）など。

山本隆（やまもと　たかし）
一九四四年生まれ。大阪大学大学院歯学研究科博士課程修了。博士（歯学）。現在、大阪大学大学院人間科学研究科教授。専門は味覚生理学・脳科学・食行動学。おもな著書に、『脳と味覚』（一九九六年、共立出版）、『美味の構造』（二〇〇一年、講談社）、『おいしく味わう体のしくみ』（二〇〇四年、芽ばえ社）、『おいしいとなぜ食べすぎるのか』（二〇〇四年、PHP研究所）など。

楠見孝（くすみ　たかし）
一九五九年生まれ。学習院大学大学院人文科学研究科博士課程単位取得。博士（心理学）。現在、京都大学大学院教育学研究科助教授。専門は認知心理学。おもな著書に、『比喩の処理過程と意味構造』（一九九六年、風間書房）、『感情と行動・認知・生理』（一九九六年、誠信書房）、『コネクショニストモデルと心理学』（二〇〇一年、共著、北大路書房）など。

澤井繁男（さわい　しげお）
一九五四年生まれ。京都大学大学院文学研究科博士課程単位取得。博士（学術）。現在、関西大学文学部教授。

専門はイタリア・ルネサンス文化論。作家、医事・教育評論家。おもな著書に、『ルネサンスの知と魔術』（一九九八年、山川出版社）、『臓器移植体験者の立場から』（二〇〇〇年、中央公論新社）、『魔術と錬金術』（二〇〇〇年、筑摩書房）、『マキアヴェリ、イタリアを憂う』（二〇〇三年、講談社）、『鮮血』（二〇〇四年、未知谷）など。

辻本智子（つじもと　ともこ）
奈良女子大学人間文化研究科後期博士課程単位取得。修士（英文学）。現在、大阪工業大学知的財産学部助教授。専門は英語学。おもな論文に、「談話における近接性―導管メタファーの影響」（『語用論研究』三号、二〇〇一年）、「味ことばの隠し味」（『ことばは味を超える』二〇〇三年、海鳴社）、「2つの『導管メタファー』」（『表現研究』八〇号、二〇〇四年）など。

山口治彦（やまぐち　はるひこ）
一九六一年生まれ。大阪市立大学大学院文学研究科後期博士課程単位取得。現在、神戸市外国語大学助教授。専門は英語学。おもな著書・論文に、『語りのレトリック』（一九九八年、海鳴社）、*Pretending to Communicate*（一九九四年、共著、**Walter de Gruyter**）、**"On 'unspeakable sentences': A pragmatic review"** (*Journal of Pragmatics*、一三号、一九八九年）など。

小山俊輔（こやま　しゅんすけ）
一九五六年年生まれ。京都大学大学院文学研究科博士後期課程単位取得。修士（文学）。現在、奈良女子大学文学部言語文化学科助教授。専門は一九世紀フランス文学。おもな著書に、『文学をいかに語るか』（一九九六年、共著、新曜社）、『象徴主義の光と影』（一九九七年、共著、ミネルヴァ書房）、『小説のナラトロジー』（二〇〇二年、共著、世界思想社）など。

著　者：瀬戸賢一
山本　隆
楠見　孝
澤井繁男
辻本智子
山口治彦
小山俊輔　（詳しくは本書「シェフ紹介」参照）

味ことばの世界

2005年 2 月 10 日　第 1 刷発行

発行所　㈱ 海鳴社　http://www.kaimeisha.com/

〒101-0065　東京都千代田区西神田２－４－６
電話　(03) 3234-3643 (Fax 共通)　3262-1967 (営業)
Eメール：kaimei@d8.dion.ne.jp
振替口座　東京00190-31709
組版：海鳴社
印刷・製本：㈱シナノ

出版社コード：1097
ISBN 4-87525-223-4